稻盛和夫『挑战者』

[日]涩泽和树 著
翁舒 译

人民东方出版传媒
People's Oriental Publishing & Media
東方出版社
The Oriental Press

在事业上能够克服困难并取得成功的人，
不一定有知识、技术或是资金上的优势，
但一定要有一颗执著的心。

目录

前言　这是一个关于挑战者的故事

这是一个关于挑战者的故事，是一段他们的传奇。

“他们”是一名经营者和他所率领的十九人的年轻团队。

他们缺钱少物，也没有充足的人手。

可是，他们却向拥有三十二万员工的巨型垄断企业发出了战书。

没有任何人看好这一“鲁莽”的挑战。

然而，出乎所有人的意料，他们成功了！以创造力和执著的热情为利器，他们在巨型企业的垄断壁防之上撕出了一道口子，成功地达成了“降低日本电信通话费用”这一初衷。创造了一个令人惊叹的奇迹。

决不轻言放弃。

自立奋起，勇于挑战，才能改变现状，打破僵局。

这激励人心的话语正是他们的传奇——也是战后日本发展史所不可缺少的一部分，向现时代的我们传递的讯息。

1983 年年初——

日本电信业界风云突变。

一场改革，不！是一次革命，席卷了日本电信业界。国营百年的日本电信电话公社（电电公社）主导的日本电信业界的垄断体制终于宣告完结，一个自由化的、民营化的、竞争的时代随之而来。

动荡始于第二次临时行政调查会，即土光临调。其核心人物为土光敏夫。

日本的公众电气通信法规定，日本的国内通信业务由电电公社专营，国际通讯业务由国际电信电话专营。两大公司垄断了日本的电信市场。

1982 年 7 月末，也就是变革的前一年，土光临调针对电信垄断带来的种种弊端，拟定了基本改革意见书，提出应允许新的公司参与电信市场竞争的改革方针。

所谓的垄断弊端，在当时就是指日本远高于英美的电话费用。

土光临调的改革方案中还提到应改变电电公社的经营形式，建议将其拆分或使其民营化。

日本邮政省接受了土光临调的建议，发表声明表示，将制定电气通信事业法来取代现行的公众电信通信法。法律方面的改动和完善最快将于 1984 年前后完成。新成立的电气通信审议会将牵头负责电气通信政策的规划制定。

电气通信事业法将面向包含民营企业在内的所有电信相关团体。公众电信通信法的废除、电气通信事业法的设立，意味着电电公社垄断时代的完结，电信市场向民营企业敞开了大门。

电电公社的拆分与民营化、电信行业的开放，绝不是一件简单的事情。不论是从企业历史长度来说，还是从反对派势力和社会影响力来看，电电公社改革的难度都远胜日本专卖公社的民营化改革，甚至比日本国有铁道公司的体制改革还要难上几分。

事实上，打破官营百年体制的土光临调基本改革意见一经发表，就在政治界、产业界引起了轩然大波。“电电公社的拆分和民营化将损害电信事业的公共性”、“允许竞争者的参与还为时过早”等反对声不绝于耳。

然而，开弓之箭怎能回头？变革已进入了倒计时。在民间团体、竞争政策的推动下，战后第四十个年头，日本的电信业，不，应该说日本这个国家将不可避免地迎来一场巨大的变革。

静静地感受着这日益迫近的足音，他突然意识到，自己该做些什么了……

第一章

冲入漩涡的挑战者

1．挑战电电公社

时至今日，稻盛和夫依然扪心自问：“发起电信事业的良性竞争和降低通话费用这个目标是否单纯？其中私心有无？”

1983年春，目睹电信业界的风云突变，稻盛和夫突然有一个大胆的念头：既然电气通信事业法允许通讯民营，那我何不创立民营通讯公司，亲自挑战电电公社呢？

此时，来自报纸、电视的各方评论已就电电公社民营化和电信市场自由化的必然性有了一致的认识。但同各式报道中言之凿凿的改革趋势形成鲜明对比的是，参与者报名栏的一片空白。如果电信市场没有出现新的竞争者，电电公社一家独大的局面就不会有任何改变。高于美国一个数位的电话费用也将继续保持着自己的高身价。

既然如此，那我不正该站出来吗？站出来挑战电电公社，展开良性竞争，降低通话费用！为建立健全的信息化社会略尽自己绵薄之力。

这个念头在稻盛心中久久盘旋。连带着，未来高度信息化社会的规划构想也在一次次的畅想中越发清晰。这个时候，恰逢美国电话电报公司、IBM等研发的新一代信息通信系统成功面世。新的信息通信系统通过通信线路，可以将一个个独立的电脑用户彼此串联，使电脑用户间的信息流通更为迅捷。在这一新技术的推动下，美国政府开放了通信线路的利用限制，通信政策转向自由化。

从当时状况来看，如果日本引进美国模式，发展计算机科技、开启高速信息交流时代的话，伴随而来的将不是邮政省、电电公社所标榜鼓吹的美好未来，而是一笔令普通企业、家庭无力承受的巨额通信费用。

当企业需要用通信渠道传递财务等各种内部信息时，就得向电电公社缴纳一笔高额的通信费用。个人、家庭也是如此。打个比方，假设在不久之后，通过网络连接就可以实现远距离网上购物。消费者登陆网络，连线京都的商场挑选自己中意的商品，可能还会接着打开东京百货的页面。就在人们流连于琳琅满目的商品之中浑然不觉时，通信费用已越积越高，甚至可能超过了商品的价格。

降低通讯成本！是这个时代，这个社会的呼声。

定下奋斗目标的同时，稻盛也在一遍遍地反诘自问：

“我的所求是出于正当动机？还是为了出风头、金钱和哗众取宠这样充满私欲的想法？”

一开始，稻盛根本没有想过自己会是第一个吃螃蟹的人。土光临调基本意见发表后，社会各界无不对电信业的市场化和民营化抱以极大的期望。

稻盛也不例外，私下里仅是以局外人的角度揣测电电公社的首战对手将是哪几家大型电机商或是综合商社联盟。“会是谁呢？丰田汽车，东京电力，还是日立制作所？能同电电公社分庭抗礼的也就那么几家。”

眨眼间，一年转瞬即逝，又一个夏天来临。电气通信业的新竞争者始终没有出现。

稻盛终于意识到自己的想法实在是太天真了。

大型企业的经营者们根本没有冒着巨大的风险去挑战电电公社这个庞然大物的打算。

明治以来的百余年间，电电公社就是日本的电信产业。其拥有三十二万名员工，总资产达十余兆日元，是日本首屈一指的大型企业。不仅如此，作为专营日本电报电话事业的唯一国营企业，电电公社更是完全垄断了与电信相关的所有技术。

可以想象，只要经营者们稍稍露出进军电信业的意向，组织内“风险过高”的反对意见就会铺天盖地而来。要想力排众意，坚持己见，过人的勇气和卓越的统率力缺一不可。但出身工薪阶层、重视安定求同的日本大型企业领导者们却恰恰缺少这种精神。

于是，稻盛和夫断定：

“能够挑战电电公社的必是那些富有冒险精神的风险企业家了。”

对于日美话费差距之大，稻盛深有体会。

那是发生在稻盛视察京瓷设立在美国当地的公司——京瓷美国公司的一段小插曲。

京瓷美国位于美国圣地亚哥市市郊。当稻盛抵达公司时，一名叫伊曼纽尔的本地员工正抱着电话有说有笑地聊得起劲。这个出了名的爱煲电话粥的家伙打的竟然是一通新泽西州的长途。从圣地亚哥到新泽西的距离约两千五百英里，是东京与京都间距离的十倍。

稻盛立刻上前阻止这个“浪费”的行为。

然而，伊曼纽尔却十分不解地抗议道：

“BOSS，打电话我还是有分寸的。”

伊曼纽尔并没有撒谎。这通电话的费用远比稻盛预计的要便宜许多。相距两千五百英里的圣地亚哥和新泽西间的通话费用三分钟仅为三百日元。而同样时间内，距离仅五百公里的东京与大阪间通话费用却高达四百多日元。从距离来衡量，日本的话费整整多出美国一个数位。

对饱受日本高额话费煎熬的稻盛来说，美国的通信费用简直低到令人无法相信的地步。

从 1952 年京都陶瓷成立时起，稻盛就频繁往返于东京京都之间，同日立、东芝、NEC 等客户企业洽谈业务。协议一谈妥，稻盛就会利用附近的公共电话联系京瓷研究开发部门，迅速传回客户需要的电子部件的规格。同时，稻盛也总会趁机来上那么一段振奋士气的动员：“来！大伙儿来大干一场!”这个时候，事前准备好的若干枚十日元硬币一瞬间就能被用个精光。一直到 1983 年，这种消费速度依然没有任何改变。

现在看来，同日本相比，美国是超预期地达成了通话费用削减的目标。

这就是放宽限制、市场自由化带来的成果。

从十九世纪七十年代开始，在美国联邦通信委员会的主导下，美国电信市场的准入限制逐步解禁。当前，以实惠的价格而备受瞩目的世界通信公司 MCI、斯普林特等就是通信自由化后进入电信领域的新公司，也就是所谓的“NCC——New

Common Carrier”，又称“新电电”。新电电公司加入电信市场后，同世界最大的电信公司 AT&T 短兵相接，在电话费用上展开了激烈的竞争。双方陷入酣战的结果就是美国的电话费用一路下跌，进入了实惠消费的时代。

另一方面，政府干预进一步加快了电信业市场化的进程。在美国司法部提起的反垄断诉讼中，AT&T 败诉，超级公司的解体终成定局。按计划，1984 年 1 月，AT&T 将正式解体，新 AT&T 将主营长途通信业务。原经营市话业务的 22 家本地子公司及研究开发部门将被强制拆分，从母公司中独立出去。

百花争艳的春天、阴雨绵绵的梅雨季一闪而逝。京都又迎来了一个骄阳似火的夏天。

稻盛的自诘还在继续：

“我所求的是出于正当动机么？我确无利己私心么？”

“总会有人接手这个麻烦的”这种漠不关心的想法不知从何时起已悄然改变，取而代之的是“我必使之行”的使命感。

有志始成行。但如果这份责任感被私欲所沾染，那将一事无成。毕竟对手可是拥有百年历史的垄断巨擘——电电公社！自己这家稍有规模的京都地方风险企业要想与之抗衡，赢得这场悬殊的较量，就需要不断鞭策自我，保持昂扬的斗志。那么，自我激励之源何在？精神动力何寻？皆在那不含私欲、利他利国的志向之中！

志出本心否？动机无瑕否？

稻盛在心中数千次，不，是上万次地反复确认。

终于，稻盛确定了内心深处那无可动摇的意志。

1983 年 7 月——

离预定时刻还有五分多钟的时候，董事们已齐聚京瓷会议室。

这是由稻盛发起的临时董事会。

“非常感谢各位在百忙之中抽出时间出席这次临时董事会。这次把大家聚集起来，主要是有一件事想同各位商量。这是我反复琢磨了近半年的一个想法。”

稻盛顿了顿，开门见山地说道：

“我想各位应该都听说过去年发布的土光临调基本意见吧。电电公社的拆分及民营化，通信事业自由化，打破电电公社主导的百年的国营垄断体系是其主要内容。现在，根据意见书的建议，旨在打破电电公社垄断，允许民间企业参与电气通信事业的新法——电气通信事业法也正式出台。这意味着什么？这意味着一场巨大的变革，意味着一个新时代的来临。我原想，那些有资格的实业家们肯定会借此良机，联合起来进军电信市场，电信市场的良性竞争指日可待。我是从心底这么期盼着的。实际怎么样呢？迄今为止，没有哪怕一方表明任何一点参与竞争的意图！一个都没有！不过，话说回来，这也是人之常情。毕竟对抗电电公社的风险之大，实在难以估量。”

发言略作停顿的间隔，只能听见偶然发出的紧张的吞咽声。稻盛的话深深地吸引了在座所有的人。

稻盛继续道：

“明知山有虎，偏向虎山行。我知道这有大风险，但我欲一试！我打算创建一家新电电公司来对抗电电公社。这是我经过半年的深思熟虑后作出的决定。在风险控制方面，我也考虑过。毕竟要是因此使京瓷的事业受损，那就得不偿失了。目前，我的打算是动用内部准备金。京瓷从创业开始积蓄至今的内部准备金为一千五百亿日元，我打算动用一千亿日元。如果一千亿花完，事业依然没有起色，那这个计划就到此为止。”

说到此处，稻盛不由得停顿一下，望向众人。在座诸人无不挺着身子，支着耳朵，听得入神。

“为什么要冒这么大的风险去参与电信业的竞争呢？如果用一句话来回答，那就是：‘为了降低日本的通信费用’。日本的话费之高，我想大家平日里应该都深有感受吧，同美国相比，我们的话费要高出整整一个数位！这就是垄断。要是我们能创办一家新电电，通过同电电公社竞争来达到降低话费的目的的话，这将给我们当前提倡的高度信息化社会的发展，给日本竞争力和国民生活质量的提升带来极大的益处。反之，如果话费一直居高不下，那么发展高度信息化带给国民的就不是福音而是负担了。出于这些考虑，我打算冒这一次险，斗胆试它一次！”

台下鸦雀无声。众人尚未从稻盛描绘的宏大远景和室内严肃的氛围中回过神来。

“我……”片刻后，一人率先打破沉默，“我没问题。就冲您的这份心意，我赞成！”

“不多说了，跟过去一样。社长，我听您的。”另一人马上接着道。

其余的董事会成员也纷纷点头。提案获得了一致认可。

“非常感谢，谢谢大家……”稻盛冲着众人深深一礼。

1983年8月——

京都商工会议所会议室。一名男子在主持人的介绍下登上了演讲台。百余名听众中响起一阵稀稀落落的掌声。

演讲者似乎非常习惯这个场合，他老练地自我介绍道："大家好，我是刚才承蒙介绍的电电公社近畿电气通信局的千本倖生。"

此刻，稻盛正坐在台下，打量着台上的演讲者。兼任京都商工会议所副会长的稻盛在商界活动中一向鲜少露面。此次，是应私交甚密的京都商工会议所会长、华歌尔公司总裁塚本幸一的要求，以主办方代表的身份出席会议。"这次邀请的讲师是搞技术的，所以最好要有个懂行的人。刚好你又是外部讲师讲演组的代表，由你出面再合适不过了。"

演讲的题目是《超LSI（大规模集成电路）的发展及高度信息化社会的实现》。主要内容是介绍半导体技术的划时代变革及其将创造的高度信息化、自由化的社会远景。

以开发制造半导体用多层陶瓷封装为主营业务的京瓷当然不可能对超LSI的发展前景及相关技术一无所知，众人早就把这方面的情报研究得滚瓜烂熟。因此，演讲本身对稻盛而言，略显单薄，并无值得关注之处。不过，这位演讲者，尤其是他的做派却给稻盛留下了深刻的印象。

"信息网络系统将使企业、社会为之一变。为了实现这一远大目标，我四处奔波，付出了巨大努力。作为一名站在电电公社普及信息网络系统最前线的战士，我……"

言语中处处流露着自己高瞻远瞩完美领航的自负之情，表现欲如此之强的人在电电公社这样一个庞大的组织中，会受到怎样的评价和待遇，实在不难想象。

“能听听您对我演讲的评价吗？”

谢过众人的千本“谦逊”地征求稻盛的意见。

稻盛默默地打量着眼前这个男子，突然开口道：

“LSI技术的进步将带来社会的信息化和通信的自由化，你是这么说的吧？但是，我认为只要日本的电信业被电电公社一家垄断，没有出现对抗电电公社的竞争者，就没有真正意义上的自由化。我想你也很清楚现在的情况，新的电信业参与者至今仍没有出现。”

“确实如此。”

“我想挑战电电公社。”

千本愣住了。

“千本君，你今天的发言相当与众不同啊。不好意思，让我猜一下。您的风格应该和电电公社并不相合吧？您是一个独行者。”

千本没有出声。稻盛的话正中要害。

“要不要离开电电公社，到我这里？一起来对抗电电公社！”

千本张口结舌，不知该如何回答。

“稻盛先生，您……是认真的吗？”

“当然，这种事怎可戏言。我是非常认真的。如果你有这个打算，请一定联系我。”

稻盛在自己名片上添上自家的电话号码，转手递给千本。

千本愣愣地接过名片。

2. 一群怀有梦想的人

没有任何犹豫，也毫不畏惧。心中只有一个目标：发起电气通信事业的正当竞争，降低通话费用，实现高度信息化社会！

走出位于台阶顶端的地铁口，片冈增美不由得缩了缩脖子。

暗下的天光平添了几分寒意，丝毫没有一点九月暖秋的影子。就撑起伞的一会儿工夫，瓢泼而下的大雨就打湿了一大片西装。

片冈往伞下缩了缩身子，穿过赤坂见附的十字路口，向约定地点——赤阪王子饭店的新馆走去。

受恶劣天气的影响，三楼咖啡厅里只稀稀落落地坐了几位客人。一眼扫过，片冈看到了千本。这位仁兄正坐在里侧的一个四人桌位旁。

“好久不见。来看看这个。”

片冈刚刚入座，千本就递过一叠纸来。是登载在各经济团体的杂志、业界报纸上的千本的采访。

“今年光演讲就有百余场。商界大腕也结识了不少，总算也谈得上有几分人脉了。”

千本很是开心地炫耀道。长片冈五岁的千本今年已四十有一，虽是不惑之年，但脾气却仍像个小孩子，一点不见收敛。

片冈啜着咖啡，随手拿起几张复印纸心不在焉地翻看着。

五年前，片冈和千本在负责城市间电缆连接传送的有线传输部共事过一年半左右。那也是片冈进入电电公社后工作了近十年的地方。

之后，千本被调往北陆电气通信局，随后进入近畿电气通信局，任技术调查部部长，负责尖端通信技术的调研。利用这个机会，千本开始周旋于关西各经济团体和经营者俱乐部之间，就必将到来的信息化社会的远景及其关键环节——尚处于筹备阶段的信息网络技术发表了一场场的演说。

“你说有要事得当面谈？”

“啊，是的。”

千本往前凑了凑，正色道：“电气通信事业法有了很大的变化，你很清楚吧？”

“当然”，片冈理所当然地答道：“民营化的体制要求我们更有效率地工作”。看来最近没少给部下做这方面的训示。

“我打算离开电电公社，加入新竞争者那边，你也一起来吧。”

片冈怔怔地盯着千本，一句话都说不出来。

此刻，爱闹爱笑的老上司的表情却是前所未有的认真。

片冈回到位于涩谷的猿乐町的公司公寓时，时间刚过零点。

两人一直“谈”到了现在。大半时间都是千本一个人在滔滔不绝地高谈阔论：通信自由化的意义，作为新参与的竞争者应该选择什么通信手段——是铺设光缆、申请卫星通信，还是采用微波通信？稻盛和夫以及他白手起家创立的京瓷有多么厉害等等。一副恨不得昭告天下的亢奋语气。当然，其间也没忘了自己的游说任务，对未来的工资待遇许下了种种承诺。

片冈轻轻推开卧室的门。

孩子早已睡熟。妻子还醒着。

看到回家的片冈，妻子小声说道：“回来啦。”

“嗯。有件事，我想问问你的意思。”

“孩子们都睡啦。不能明天说吗？”

“也是，那明天再说吧。”

挂钟响起了微弱的报时声，已是凌晨三点。忙碌了一天精疲力尽的身心却奇妙地保持在亢奋状态，毫无睡意。只要一闭上眼，那煽动人心的话语就浮现于心头，让人热血沸腾。

“如果我们袖手旁观，总会有一个不知道是哪里的什么人冒出头来。搞不好是黑猫大和公司呢。反正都是要干，与其让什么都不懂的人去做，还不如让我们这些专业人士来指挥。你说对吗？”千本咄咄的追问又在耳边响起。

是这么回事，片冈心中暗自想到，至少会比大和公司做得好。

记得千本是这样说的：“能够参与这个项目绝对是三生有幸！日本电信的新时代很可能就在我们手上开始了！你觉得这样的机会会有第二次吗？机不可失，时不再来！”是的，千本的话一点儿没错！对通信业技术者来说，这样的机缘绝对是可遇不可求的。

那么，就这么辞了电电公社的工作，成么？公司里，自己虽然不是顶级的技术者，但在同龄技师中却也颇具分量。上司对自己委以重任，部下和同僚也对自己寄予厚望。

而家里呢，还有三名幼子。最大的一个才上小学，小的两个还在幼儿园。虽然千本信誓旦旦地保证："那位贵人可是亲自来邀请的，是他亲口问我要不要一起干。资金，你就不用担心了。人么，我这里已经从电电公社挖了不少。"可是，万一项目失败呢？自己一家可就要衣食无着、流落街头了……

想着想着，片冈不由得苦笑出声。不愧是千本。三年不见则已，一见竟然给自己带来这么个难题。

不知不觉中窗帘的缝隙间已可以看见影影绰绰的光芒，街上送报纸的自行车的声音也隐约可闻，片冈彻底放弃了入睡的努力。怕吵醒妻子，他轻手轻脚地掀开被子爬起床。

看到坐在饭桌边读着报纸的丈夫，妻子提起了昨天的话，"你想说什么事？"

放下报纸，片冈把昨晚的事简单地重复了一遍。

妻子静静地听着，除了偶尔淡淡地回应，并没有多说什么。

一席话完，妻子问道："你是怎么想的？"

"嗯，这个嘛——，我觉得试试也不错。但是又仔细考虑了一下呢……"

"那就按你想的去做吧。"

"可是，孩子还小。"

"如果我不同意，你能彻底断了这个念头吗？"

"呃……"

恐怕最终还是会回到这条路上的，片冈不得不承认。

当晚，片冈拨通了千本的电话。

电话刚一接通，千本的声音就出现在另一头：“哦，想干一场了吧。”

“千本君，你说还有别的电电公社的人加入，请问是谁呢？”

“河西和橘。”

“只有他们吗？”

“可都是很优秀的人才哟。”

“您不是说有很多人么？”

“剩下的还没有给我答复。”

对方随即列出一连串的人名，也有片冈熟知之人。

千本表示这些人并没有给出拒绝的答复，从目前的情况看，他们应该不会轻易离开电电公社了。很有可能他们根本就没有这种荒诞想法，为一个不确定的目标放弃眼前稳定而有前途的电电公社工程师的职位。

“微波没有人。”

片冈一针见血地说道。千本召集的基本都是以光缆为介进行通信的有线工程师，没有微波通信方面的人才。这种构成缺乏平衡。

“是，你有推荐的人吗？”

“有，也是千本君的熟人。但是，你要说服他可能有点难度……”

片冈说出了一个名字。一位三十五岁，堪称年轻一代领袖人物的微波技术工程师。

小野寺正略带不快地挂掉电话。

那个千本竟然打电话来！他还装神弄鬼地说无论如何希望见一见，“事关重大，要当面谈”等等，然后用一副老友间自来熟的语气随口就定了见面的时间。

自己同千本间的关系可以用冤家一词来形容。两人几乎在每一件事情上都意见相左。

电电公社里，小野寺以微波技术奠定自己的事业基础，而千本主攻的是有线通信。

两人所属的部门在公司中本就是竞争的关系。一旦出现电话网铺设需要时，“微波！微波！微波！”“不！光缆！用光缆！”这样激烈的争执总充斥在两个阵营之间。分属两部的小野寺和千本就是一对吵架冤家。现在，冤家突然非常诚恳地跑来拜托说有事要谈谈……

“真的？”

大吃一惊的小野寺不得不借着喝咖啡的工夫定了定神。原以为对方是有些公司里的事要自己帮忙，做梦都没有想到这个家伙竟然打着自立门户、对抗电电公社的算盘。

“小野寺君。”

千本紧紧盯着小野寺的脸，仿佛将对方内心的挣扎看得一清二楚。

“我非常清楚你在电电公社的境况。微波无线领域你是同期中公认的第一，三十几岁就做到高级助理的位置，估计上面也肯定有让你做负责人的想法。不过，我可以断言，如果你继续待在电电公社，你一辈子都不可能参与这样一个计划！”

小野寺在心中暗自点头。

确实，在电电公社这个巨大的组织当中，一个人负责的范围是相当有限的。而如果千本所说的公司真的成立的话，那简直就是白纸绘图，任君发挥。

但不管怎么说，想要叫板电电公社，这绝对是个极其冒险的计划。

半晌，小野寺抬头道：

“我知道了，我需要一点时间考虑一下。”

坐在回家的电车上，脑海中不停地回响着千本的话。

理智一点，小野寺知道，这件事当场就该拒绝掉。电电公社里，年轻的自己有大好的前程。而千本所说的那个什么新电电公司能否成功完全是未知数。

但另一方面，小野寺也有自己的考虑。

电电公社内微波通信工程师活跃的范围在不断缩小。

微波通信一般是利用短波长的微波进行传输。微波能够穿透大气，不受云雾影响，具有极强的穿透特质。其信号接收器更是具有小巧的优点。

但是，电电公社对铺设通信网络并没有兴趣。它把所有的积极和热情全都投入到以光缆为媒介的次世代通信网的构建中去了。

光缆细如毛发，由玻璃和塑料构成，能够传输承载着各种信息的光。具有传播速度快，承载信息量大的优势。一旦光缆网络进入了实际运用阶段，很可能微波通信就将被挤出通信舞台。

作为一个处在如此尴尬境地的微波通信技术者来说，千本提到的工程很有可能是一名微波工程师，在电话网构筑中发挥才能的最后舞台。

当然，通信网构建的手段不只微波一种，还有光缆、卫星通信、海底电缆等等。但是，微波的成本最为低廉。新电电选择微波的可能性相当大。

“真是败给自己了……”

小野寺苦笑着自嘲道。不知何时，自己已完全站在一个加入者的角度上考虑问题了。

秋末，小野寺再次接到千本的电话。听到旧日冤家声音的那一瞬，一种仿若是期盼已久的情绪涌上心头。

“怎么样？有下一步的打算了吗？下个月，就是 11 月下旬在京都有一个碰头会。你也来吧。”

“有两件事，想请教一下。”

“啊?”

“你打算怎么铺设通信线路？听千本君的话，你可是一直强调光缆的优点啊……”

“光缆、卫星通信……通信手段我们要多方考虑。当然，你的微波也是备选项之一。”

“现在不都说微波已经过时了么?”

“那是电电公社的看法。从零开始构建网络的话，微波的低成本可是一个大优势啊。”

“如果，我是说如果，采用微波通信的话，可以让我全权负责吗?”

话筒中沉默了片刻，随即答道：“嗯。”

“好，那我们就这么说定了。”

“你说的另一个问题是什么?”

“这个计划最先是由谁提出的？那个人在京都吗?”

“你来就知道了。”

出租车停在哲学小道上一座宏伟的日式建筑前。

小野寺走下车来，拉上夹克的前襟。

吹过山脚的风带来刺骨的凉意，剥落一身枯黄的林木更是加重了几分冬日的气息。

眼前这座“和轮庵”中，似乎已聚集了不少人。

一进玄关右侧的西洋式接待厅内，小野寺就看到起身示意的千本。“啊呀呀，你可算来了。”千本站起身来，向小野寺介绍身边一位五十岁左右的男子。

男子起身，声音清朗地自我介绍道：“鄙人稻盛。欢迎光临。”随即弯身一躬，递上名片。

“京瓷社长稻盛和夫?”

小野寺边回礼边暗自猜测：莫非这位就是计划的发起者?目光智慧清澄暗透着沉稳，周身洋溢着满满的斗志，此人不简单呐。

对京瓷会社似乎有些印象，是一家主营半导体陶瓷分装的高收益的风险企业。

不过，疏于世事的工程师也就知道这么多了。对稻盛这个名字的了解也只停留在有所耳闻，却知之不详。

千本的介绍还在继续，这次是一位身材魁梧的男子。

小野寺接过名片。

名片上写着：京瓷副社长森山信吾。这位的年纪看上去应该过了五十五，要比稻盛大上几岁。戴着一副 Selframe 的眼镜，浓密的头发整齐地梳向脑后。表情柔和，但深邃的五官却透露出几分威严。

“原资源能源厅厅长，新能源综合开发机构的创始人，通产省里人称‘森山蚁’。新电话公司的社长预定就是他了。”千本低声介绍道，“你可能不太清楚，我多一句嘴。京瓷会社是家收益极高的风险企业。员工才一万余人，但生产份额却占全球半导体陶瓷分装市场的百分之七十五。企业整体收益同销售额的比率达百分之二十！”

没过多久，和轮庵内就聚集了一群熟悉的脸孔。

片冈增美、河西壮二、橘薰……都是电电公社的年轻工程师。

小野寺等一群人被请进宅邸内侧的和式房间。夕阳西下，眼前的日式庭院亮起柔柔的灯光。

“首先，非常欢迎大家到此。”酒菜上桌，稻盛率先开口，“今天，邀请诸位到此的目的，大家应该也都听千本君说了，这是一个进军电信事业的誓师大会。我想要进军电信事业。不过，相信大家也有所耳闻，我纯粹就是一个搞半导体的，对电信一窍不通。所以，今日邀来诸位加盟，上演一场现代版的‘鹿谷阴谋’。要不，干脆就把这次集会叫做‘鹿谷密谈’？”

小野寺扑哧一声笑了出来，还真是个绝妙的名字。

“鹿谷阴谋”是平安时代在京都召开的一次密谋打倒当时统治者平家的秘密集会。小野寺记得似乎还在哪本书里读过，密会地点正是位于鹿谷的一处山庄。稻盛是借同地之便，将今日的这次聚会同史上那次赫赫有名的密谋作比。

“今天就有请诸位从专家的角度来看看我的这个鲁莽无谋

的计划，请大家畅所欲言。干杯!”

一道道菜肴端上席来。当酒水由啤酒换成烧酒和日本清酒的时候，森山走了过来，亲手为小野寺满上一盅酒。

“小野寺君，请教一个问题。对像我们这样的新加入者同邮政省的关系，你是怎么考虑的呢?”

“这个，还是要巧妙地周旋一下……”

“你觉得什么必不可缺?”

“如果您已经下定决心要进军电信业的话……”

小野寺端起酒杯润了润喉咙，道：

“那么，邮政省的渠道，来自邮政省的人是必不可少的。假设，您拿到了经营电信事业的许可，可是您对里头的门道一无所知。邮政省和电电公社有什么协议，或是同国际电信电话达成了什么共识，这些全部都藏在幕后，是不会让我们知道的。能够掌握内情的人是必不可少的。最好，要有一个精通法律事务的人，有一个技术方面的……”

“原来还有这个门道。”

森山点点头，肯定道：“那是得去找找看。”

一番交谈下来，森山坦率的性情，宽广的心胸给人留下了深刻的印象。一时心血来潮，小野寺不由得好奇地问道：

“森山先生是怎么来到京瓷的?”

“嗯? 唔……用一句话来概括，这就是命运。”

森山打开了往事的匣子。

“我和稻盛第一次见面是在一个叫做‘欣交会’的聚会上，嗯，就是鹿儿岛和宫崎县南部地区的同乡会。那个时候，我是经济协力部的部长……这样算来，刚好就是十年前的事。那一次见面我们谈得非常投机。当时我觉得他就是老天给我安排的可以一同并肩战斗的人。"

"公职'下凡'不好么?"

"嗯……不是不可以。但那样就太没意思了。况且，我自己也清楚，我欠缺那种强烈的个性，不是一号人物的料。辅佐他人的职位更适合我。这可不是客套话。所以最终，我就想跟着稻盛君一起尝试一下……"

不知不觉中，小野寺确定了自己的想法。

最初前来赴会只是出于对项目参与者的好奇，自己还处在如何选择的犹豫中，并没有下定辞去工作的决心。

然而，在听过稻盛的计划，见过森山的气度之后，所有的犹豫踌躇一扫而空。

"是么?那也算上我一个，一起来做吧。"

小野寺冲还没反应过来的森山一笑。

位于东京站八重洲口附近的京瓷东京营业所。当种野晴夫的身影出现在营业所门口时，在玄关翘首以盼的千本终于长出了一口气。看来之前担心的爽约并没有发生。

种野是原就职于电电公社的同僚。但他从麻省理工学院经营研究院留学回国后就跳槽去了一家外资咨询公司。千本是在12月初的时候通过电话向其发出了当面详谈的邀请。

当然，千本想谈的就是新电电通信会社的加盟计划。

种野被这个出人意料的消息惊得半天合不拢嘴。母公司是京瓷啊!一个零件制造商竟然打算插手电信业?种野简直不敢相信自己的耳朵。

惊讶归惊讶，种野还是联系了数位电电公社时代的前辈向他们征询意见。所有人众口一词，这浑水趟不得。“一个京都的零件制造商有可能搞定电信的东西吗?”当时此事被众人视为笑谈。

种野随即回电表示了拒绝的意愿。

未曾想，对此，千本做了一个出人意料的提议，“见见稻盛先生吧，之后再做决定如何?”

这就是今天约见的来由。

提前十分钟来到接待处的一行人被请进了会客室。

坐在沙发上等着会面的种野心中忐忑不已。

通过经济杂志等的报道，种野对这位白手起家的企业家充满了兴趣。报道中无一例外，都提及了稻盛和夫独特的经营哲学，“从一个社会人的角度去判断对与错”、“首重利他之心”。

经营就是逻辑的积累推演，这是经营研究院里不断对学生灌输的一个观点。与此相比，稻盛和夫重视心之道、行之道的理念就显得特立独行，分外不同。

但京瓷确实取得了骄人的成绩。这到底有什么诀窍呢?另外，奉行这样一种经营观的稻盛对通信事业又是怎么考量的呢?种野对此极为好奇。

“让你久等了。”稻盛走进接待室。

种野赶忙站起身来。被告之稻盛正在主持会议的种野本以为还要再等一会儿呢。

“这位是种野，现在已经脱离电电公社了。曾留学麻省理工大学，可是非常优秀的人才呢。是我辈中人。”千本介绍道。

种野暗自点点头，我辈中人这个词用得还算恰当，虽不中亦不远矣。

同长五岁的千本是在对方请自己翻译相关通信书籍的时候认识的。那是总裁、副总裁署名出版的翻译工作。担任翻译、执笔的都是电电公社中被视为下一代领军人物的年轻工程师。种野正是其中一员，当然身为负责人的千本就更不用说了。

留学归国后，经营研究院的先进经营理念同电电公社一如既往的官僚主义作风之间的巨大差距让种野深感不适，最终离开了电电公社。

“来来，请坐……”

稻盛请客人入座后，自己也在种野对面坐下。

“种野君，我想大致的事你已经都听千本君说了。我想创立新通信公司，非常需要像您这样的人才。”

“嗯。”

“我这里是班门弄斧了，你应该比我更清楚眼下日本电信业的状况。日本的电信业正面临百年一遇的巨大变革。抓住这个难得的时机开创事业，为降低日本电话费用发挥才智，挥洒汗水，这样的尝试就算自掏腰包都具有无比吸引人的魅力。唔，这个说法或许有些夸张，但是，我认为对一个人的人生来说这是极有意义的体验。种野君，从电电公社出来以后现在在做什么呢？”

“在外资咨询公司做咨询工作。”

“嗯。这活儿不轻松。不过，除了动动脑动动嘴以外，想试试汗流浃背四处奔波吗？”

“啊？”

种野一脸茫然，开始意识到情况有些不对劲了。

自己是抱着拒绝的念头前来赴会的。毕竟成立新公司，挑战电电公社，这个计划实在是太异想天开了。

先不提别的，就说通信线路。这要怎么解决？如果铺设光缆的话，那就需要巨额资金，需要道路占用许可。后者的申请可绝非易事。如果建微波线路的话，那么如何获得邮政省分派的电波，将又是一个难题。

稻盛或许已猜到种野的心思，或许完全不知，但这并不影响他对自己目标的热切阐述：建立新电电，开启公平竞争，以此来降低电话费用。在电话费用居高不下的情况下，高度信息化社会的梦想就只能是画饼充饥，可望而不可即。“为此，就算被人说成是堂吉诃德第二，我也要试它一试。”

在时刻准备着拒绝的种野心中，一股热流在不知不觉中积蓄着。

稻盛和夫——创下赫赫战绩的著名人士竟然特地来见我这个毛头小子，坦率地、甚至是投入地讲述自己的理想，还问我愿不愿一起来做。这，这简直令人不敢相信！

总裁和一名年轻技师畅谈理想，在电电公社中这是无法想象的。总裁是高高在上的人物，是权力和权威的象征。不夸张地说，如果电电公社的总裁要搭乘电梯的话，三十分钟前就会有人按住按钮确保电梯能以开门状态迎接总裁的到来。

就算如此，也不至于如此激动。种野自认是一个理智的人。在美国的留学经历也很好地磨炼了这一点。然而，今日一席话竟然轻易地撩拨起了自己的情绪。这，真是奇妙。

分别时，稻盛向始终未曾表示拒绝的种野伸出手。

种野上前一步，紧紧回握。

走入电梯，千本问道："如何？"问的是对稻盛的印象如何。

"有一双温暖的手。"

种野红着脸答道。

"喂！你小子在想什么啊！"

种野将加入京瓷共同开始电气通信事业的决定挑明时，听者惊讶得站起身来。

同之前一样的反应。

抱着把最终决定向各位给过建议的前辈或同事通报的想法，种野去了东京日比谷的电电公社。听到他的决定的每个人都露出了不可置信的表情。连在一起都可以做成一条金太郎糖了。

"不知道千本给你灌了什么迷汤，我也不想说什么了，你给我趁早收手。"

反应过来的前辈转头就开始劝说种野打消这个念头，而且是千篇一律的说辞。接下来就该是对方察觉到自己不为所动的态度后冷笑着甩出"算了，那你好好加油吧"之类的场面话了。

种野心中腹诽，打算速战速决。"就是这样，前辈，那我就不打扰了……"

"哎哎，等等，话没说完。"

"您要说的我都明白。不过我已经决定了。"

"你……"

对方呆呆地看着种野。

"傻了吗？"

匆忙离开了电电公社。前辈和朋友们的反应虽在预料之内，但众人表现出的“凭你们能成何大事”的轻视还是令种野心中不忿，一股逆反之感油然而生。

当然，种野也知道这其中困难何其之大。一个京都零件商到底能不能经营好电信公司呢？种野自己都没有把握。

就在稻盛身上赌一把！

他是值得托付的人。他想做的事业一定也是值得搏一场的。

“现在是无论如何也要上了。”种野咬着嘴唇一锤定音道。

1983 年年末将至，古都初雪纷飞。

停笔休息间，稻盛把目光投向窗外。

京瓷总部位于京都山科区国道一号线道边，从二楼的社长室就可以看见不远处东海道新干线的高架桥。

作为主干道路的国道一号线上车辆常年络绎不绝，新干线跑过时还会传来阵阵震动。杂乱无章正是此处环境的写照。不过，此时的窗外却是一片静谧，稻盛没有听到任何声音。

起身来到窗边。

国道和高架线上雪花飘零。缓慢的车辆安静地通行着。

眼前这平静而肃穆的街景仿若稻盛的心。

平和却坚定。

没有任何犹豫。

也毫不畏惧。

心中只有一个目标：发起电气通信事业的正当竞争，降低通话费用，实现高度信息化社会！

第二章

十九少壮的起航

1. 名字就叫“第二电电”

无惑无惧，朝着降低日本话费的目标踏实前进即可。稻盛再一次确认了自己的目标，即使前方之路崎岖难行……

1984 年 3 月 10 日——

在敲门的同时，森山信吾便已冲到了稻盛面前。手上紧紧抓着今日的早报。

“稻盛君，日经的报道，你看到了吗?”

“当然。”

把森山让到沙发边坐下后，稻盛在其对面坐下。

《日本经济新闻朝刊》今日的头版快讯是《京瓷、索尼等开始筹备“第二电电”——计划铺设东京至大阪间通信光缆》。

报道内容如下：

电电公社民营化后，电气通信事业向民间开放。京瓷、牛尾电机、索尼、西科姆等数家公司为进军这一领域，将共同出资进行事业可行性调查。

公司预定在邮政省向国会提出的电信通信法案正式通过后成立。新公司将独立铺设东京-名古屋-大阪间的大容量通信光缆，于三年后的 1987 年开通面向企业的光缆通信服务——内容同计划大致相符。

事业可行性调查公司的设立确有其事，从东京-名古屋-大阪起头的报道也同计划一致。电电公社设定的电话费用极为高昂，东京-名古屋-大阪间的市外通话费用更是其中之最。对此，电电公社的解释是，要用三个城市间的电话费用来弥补部分城市本地通话费用的赤字。

因此，锁定三大都市圈，这是以降低话费为己任的稻盛等人的新电电必然会采取的战略。

“新公司将独立铺设东京-大阪间的光缆”这个决断，在尚未决定通信手段的当下，算得上是一个败笔。不过，光缆确实是通信手段的有力候补之一。从这一点来说，报道上的预测称不得失误，只是略略过头。

同牛尾电机、索尼、西科姆等数家公司联合出资的消息也属实。

今年 1 月，在市内饭店召开的年轻经营者的新年聚会上，稻盛确实向牛尾电机的会长牛尾治朗和西科姆的会长饭田亮等提过自己酝酿已久的构想。

“有意思！”

创立新公司，叫板电电公社——当稻盛说出自己的构想时，牛尾一拍大腿，率先肯定道。

牛尾曾在 1981 年起的两年间，参加过土光临调的专门委员会，电信事业自由化是他一贯的主张。牛尾大稻盛一岁，今年五十三。年纪仿佛，脾气也颇为相合的牛尾是很少参加商界活动的稻盛的为数不多的好友之一。

“其实我也想过试试的。不过我对电信一窍不通。怎么规划？心里一点谱都没有。”

牛尾说着，不由得双手撑桌，身体前倾，一脸希望稻盛多说点儿的表情。

“哦，稻盛君，计划现在进行得顺利吧？”

另一边，饭田也竖起了耳朵。饭田创立了警备保障会社，前不久更名为西科姆会社。饭田小稻盛一岁，今年五十一。是稻盛志同道合的伙伴之一，也曾在民间的专家小组及政府政策构想论坛上建言过电电公社的拆分和民营化。

“打算尽快成立公司，正式开工。现在，正朝这个目标努力。”

“有胜算吗？对方可是强手啊……”

稻盛摆了摆手道：

“赢是肯定想赢的。不过，这个跟胜算多少没有关系，而是一种信念。决定做了，就一定要努力取得胜利！”

“好。我支持你！”

牛尾又一拍膝盖赞同道。

“我也出资，当个辅职。算是我对你这个经营者的支持。”

“那也算我一个。”

饭田立即响应。

“设立发起人会议时一定要叫上我们。”

“当然。有你们加入，我心里可有底多了。”

“哦，在聊什么有趣的事啊？”

一个声音从身后响起。

是被稻盛等人的谈话吸引过来的索尼公司会长盛田昭夫。

1921 年生的盛田昭夫现年六十三岁，比稻盛大了近一轮。京瓷是索尼的电子零部件供应商之一，两人曾有数面之缘。同井深大一起创立索尼，并将之发展成为一家跨国企业的盛田也是技术者出身，同样是白手起家。同自己的种种相似使稻盛对此人颇感亲切，也颇为关注。

“稻盛君，要是动手，也算我一个。”

盛田五官深邃，有着一头浓密的银灰色头发——相貌中已隐隐带着商界泰斗的威严。不过坦率爱交际的性格依然未变。

“当然好。我可是求之不得。看看，现在我可是有了一个了不得的后援团。”

那时的协商稻盛没有告诉任何人。知道项目具体计划的也只有有数的几人。想必也不会是口风严实的牛尾、饭田等人泄露的消息。

那么，把消息传出去的到底是……

“应该不是我们的人。怕是邮政省吧……”

“应该是这么回事。”稻盛深以为然。

邮政省的官员完全了解稻盛等人的计划。就在得到牛尾、饭田等人承诺出资的新年会的第二周，稻盛就同森山拜访了邮政省的相关负责人，传达参与电气通信事业的意向，并简要介绍了设立公司、开展事业可行性调查的计划。

而且，邮政省也有着充分的动机。

离电气通信事业法案正式提交国会已不足一个月。期限日益迫近，为法案的通过而四处奔波的邮政省干部心中清楚，还有一个不确定的因素没有解决。

电气通信事业法案的重点在于电电公社的民营化及电气通信事业的加入自由化。如果迟迟没有出现竞争者，人们就不得不重新审视该法案的意义了。原本通过有望的计划甚至可能搁浅。

在这个时候，稻盛等人的计划横空出世。

对邮政省来说，这正是宣扬法案意义的绝好素材！他们最终没能抵挡住诱惑而泄露计划的行为也就不难理解了。

“不管怎样，我想媒体们马上就会拥过来打听了。怎么回应?”

森山皱起粗粗的眉毛，向稻盛请示道。

“‘无可奉告’，就这么说。当然，这样人家也可能误会我们是要掉胃口，慢慢地放消息。终归得开个新闻发布会，正式地把消息公布出去。”

“这样的话，那情报企划部的人……”

“嗯，让他们先这么说。来问的话就回答无可奉告。”

森山点头应下。

情报企划部是在事业可行性调查公司成立前，千本、种野等人暂时落脚的地方。目前，工程师们还集中在东京八重州的京瓷东京分部。等下个月东京用贺的京瓷东京中央研究所正式运营后，众人就将迁入该研究所。

“啊，对了，稻盛君，还有件事跟你说。”

森山突然面色一振，兴奋地说道。

“是今天的新闻给我的启发。我们办的新电气通信公司就叫‘第二电电（DDI）’，如何?”

“第二电电?”

“我觉得这比现在的候补名字 WIT——World Information And Telecommunication 要好。”

“这样啊……”

稻盛轻轻敲着桌面思考着。

“这个有意思。一家袖珍企业以新电电的统称第二电电为名。嗯，有意思有意思。”

随着电信自由化的时机日益成熟，各大新闻媒体开始议论纷纷，在具备新参入者条件的企业中揣测可能的人选。在全国范围内拥有独立铁道电话网的国铁以及拥有庞大送电网的电力会社都是其中的热门人选。

而不知从何时起，媒体开始将这些候选人统一称为“‘第二电电’候补”。

“这么叫挺有感觉的嘛。那我们接下去要设立的事业可行性调查公司就叫第二电电企划，正式开始电信事业的时候把企划去掉，就叫第二电电。”

“不错。就这么定了。”

森山不由得露出笑颜。

当日傍晚，秘书带着疑惑的神情敲开了社长室的门，对稻盛说道：

“呃，社长，有一个叫真藤的人打电话过来，说无论如何都要和您谈一谈……”

“真藤？哪的真藤？”

“这个……他没说。只说告诉您真藤您就明白了。”

“说真藤我就知道了？”

稻盛突然想起了什么，吩咐道：

“先把电话接进来。”

"稻盛君？我看到报纸了。"

电话里，对方大声地说道。嗯？这个喑哑的声音似乎在什么地方听到过。没错！这是电电公社的总裁真藤的声音！这正是他说话时特有的明朗欢快的语调！

真藤恒——1910 年生，现年七十三。一手将后起的造船会社石川岛播磨重工打造成造船业的领头军，其精明强干不言而喻。1981 年，应同样出身于石川岛播磨重工、现为日本经济团体联合会会长土光敏夫的邀请，真藤恒出任电电公社总裁。从一家民营企业，从同通信毫无关系的造船业到现在的电电公社总裁，这其中的转换跨度可是不小。而此时，电电公社正处在前总裁秋草笃二因电电近畿公司二百亿日元的假账案引咎辞职的风口浪尖。在这个时候接手公司，对真藤恒来说，不可不谓是火中取栗。

之后，真藤一边同以副总裁北原安定为首的垄断派周旋，一边大力推动官僚集团电电公社的变革，扛起了电电公社民营化的大旗。

竟然是这位商界闻名的传奇人物！可是，他怎么会突然打来电话呢？两人在商界宴会上倒是见过一次，可也只是点头问候的程度，连话都没说过。

"呀，欢迎欢迎，我终于等到人出手了啊。哈哈。不瞒你说，我实在是担心没有新参与者出现啊。"

"哪里哪里，这事儿还八字没一撇呐。"

"啊？"

"我是说这事儿还八字没一撇……"

"你的话没问题啦。真是，你来这一手真是太棒了。没挑战者，电电公社的民营化可怎么办？当然啦，现在托你的福，我总算能继续下去了。”

不难理解为何真藤会如此兴奋。

深受土光熏陶的真藤一力推进电电公社民营化。然而，如果没有新竞争者，电气通信事业法就将成为一纸废案，民营化的计划也将付诸东流。

在这个关头，稻盛等人的出现对真藤来说不啻于是最好的援军。在其看来，缺人、少物、没钱的第二电电对电电公社既构不成什么威胁，又能大大促进民营化的推行，可谓一举数得。

“好好加油！”

真藤大声说道，挂断了电话。

电电公社真藤来电后的翌月。在外出差的稻盛一打开饭店送至房间的报纸时，目光就被头版头条的报道给吸引住了。

《光缆铺上高速路，官民同建第二电电——建设省方针》

继第二电电之后，又一名竞争者出现了。

报道称，建设省将建立官民一体的新电电公司。该公司拟在高速公路及大城市的干线道路上铺设光缆，为客户提供数据通信服务。

新公司将采取以建设省的下属单位日本道路公团为核心，民营企业参营的方式。近期，其事业可行性调查的研究机构“财团法人道路新产业开发机构”就将正式启动。以七年为期，在 1986 年正式成立电信公司。

一种猜拳时遇到赖皮出家什的郁闷涌上心头。

其实，在第二次临调方针公布时，电信市场准入开放的时机就已成熟。可是，直到稻盛等人出现为止没有一家公司发表参与竞争的宣言。

但就在第一个吃螃蟹的第二电电出现后没多久，建设省和日本道路公团就推出了该计划，其心中的算盘不难猜测。十有八九是认为“京都一零件生产商能做的活儿我们当然也能做，而且肯定能做得更好”。

建设省的人应该是这么打算的：

就京瓷那帮人？既没人又少物还缺钱。就这样，他们凭什么说能铺光缆？

比起他们，我们还能利用高速公路、主干道侧沟、中央分离带来铺光缆，我们完全可以迅速构建起一个相对完善的通信网络。我方的条件可是要方便得多了……

虽然，报道里还附带地提了一句望民营企业踊跃参与云云。但估计私下里开始接洽合作事宜的企业已不在少数了。

反正，在建设省和日本道路公团看来，稻盛等人的新电电正是绝佳的探路先锋。

这样一来……

“剩下那些有基础设施条件的应该很快也会冒出头了。”

稻盛喃喃自语道。

仅一个月后，预言就得以应验。

5 月 25 号，各大新闻报纸再次铺天盖地地报道了继建设省和道路公团之后通信事业的又一新竞争者——国铁。

据报道，国铁将投入二百亿元沿东海道新干线铺设光缆网络。预计将于 1987 年开始对企业客户提供东京至大阪间的数据通信服务。

之后，将于1988年度开通东京–大阪区域的国内长途电话业务。并继续在山阳新干线、东北新干线沿线铺设光缆，最终将光缆网络覆盖日本全国。

至于项目是由国铁本部直接运营，还是单独设立负责该项目的子公司，这些事情尚未决定。如果是后者，预计将会在来年4月正式成立专营电信事业的子公司。

“果然被您料中了。又出现了新的竞争者。”

从用贺专程打来电话的森山稍作寒暄就切入主题。

“而且是国铁。这可是强敌呀。”

“他们应该和建设省与道路公团的想法是一样的。认为京都一零件生产商能做，自己就能做。”

“同感。各大媒体之前就认为，国铁进入电信领域将会成为电电公社最大的竞争对手。他们认为：‘铁道是城市间连接的最短距离，沿轨道铺设光缆能够高效地构筑一个发达的信息网络。而且，因铁道通信的需要，国铁的电信技术力量也相当的雄厚’。我去调查了一下，真是不查不知道，一查吓一跳。国铁现有的通信网络交换机及线路的规格同电电公社完全是一样的。而且，他们的通信技术人员竟然有两千多人！”

“我们和他们比还真是天壤之别呐。”

稻盛也不由得暗暗咋舌。

国铁的通信技术人员数竟然高达四位数！这也就罢了。更令人惊叹的是国铁在通信技术的运用上早已初具规模。全国车站售票系统“绿色窗口”不就是数据通信的初步应用？新干线的电话系统更是移动通信尖端技术的最好体现。

不过，拥有如此实力的国铁在稻盛等人发表声明之前却一声不吭，丝毫没有表现出挑战电电公社的意图。从另一个角度来看，这就是电电公社的可怕之处吧。

“‘前门有虎后门有狼’说的就是我们现在这种情况吧。总之，我们先留意着建设省和国铁今后的动向吧。”

森山半是叹息地说道。

挂上电话，森山的叹息依然在稻盛心中盘旋。

前门有虎，后门有狼。

森山的形容贴切而又客观地概括了第二电电当下的处境。

刚刚表明了挑战电电公社的意图，一大群意料之外的竞争者就从后方争先恐后地跳了出来。而且，建设省和道路公团、国铁，哪一个在电气通信上的优势都是第二电电拍马难及的。这些家伙是货真价实的“有产一族”。

然而，令人难以理解的是，在强大对手前后夹击的困局中，稻盛却感到自己的内心益发平静。

无惑无惧，朝着降低日本话费的目标踏实前进即可。稻盛再一次确认了自己的目标。

即使前方之路崎岖难行……

5 月 31 日星期四，吉日。

第二电电企划召开落成宴会。

在开场前十五分钟第一名来宾出现之后，第二电电企划的股东们也陆陆续续地抵达宴会厅。东京的丸之内 Palace Hotel 宴会场内人流开始渐渐会集，衣香鬓影、热闹非凡。

在门口处迎候来宾的下坂博信下意识地回头望了一眼宴会

场内。

稻盛、森田正有说有笑地同来客交谈着。

索尼会长盛田昭夫、牛尾电机会长牛尾治朗、西科姆会长饭田亮等公司发起人也正同各自相熟的客人寒暄着。

同稻盛等人交谈的正是电电公社总裁真藤恒。虽然按稻盛的指示公司发出了邀请函，但真藤本人亲临现场却是所有人都没有料到的。

今日的成立宴会共邀请了一百五十余位客人。除股东外，以守住有信邮政事务次官为首的邮政省的干部、以小长启一通产省产业政策局局长为首的通产省官员，以及日本电气、富士通等通信设备制造商的代表皆在受邀之列。

下坂抬手看了一眼时间。下午六点二十五分。

第二电电的落成晚宴即将开始。同时，一场看不见硝烟的激烈交锋也将拉开序幕。

“真正开场了。”

下坂的心在紧张和兴奋的情绪中煎熬着。

从 1968 年入职京都陶瓷（现在的京瓷）到现在，下坂担任稻盛的秘书已近十年。

十年的经历让下坂对稻盛的能力有着深刻的认识。无论是洞察力、决策力还是行动力、交流能力，不论从哪一方面来说稻盛都堪称一名杰出的经营者。

但自认对上司已知之甚详的下坂却依然没有想到，稻盛竟能够在这么短的时间里，完成从电电公社挖来人才、寻到有志于此的经营者、说服股东等等一系列事宜，并最终成立第二电电。

明日——1984 年 6 月 1 日，为参与电气通信事业进行事业可行性调查的第二电电企划就将正式成立。

资本金为十六亿日元，股东有二十五家公司。出资公司除创始人京瓷、牛尾电机、西科姆、索尼、三菱商事以外，还有三井物产、伊藤忠商事等五家综合商社，三菱银行、三和银行等十家金融机构，三得利、华歌尔等四家公司及野村证券等。

除监察外董事会成员共有七人。落成晚宴前第二电电的首届董事会议刚刚结束。稻盛任会长、森山出任第二电电社长，千本担任专务。董事会成员有牛尾、盛田、饭田及三菱商事会长三村庸平四人。

除董事会成员之外，公司正式职员只有十九个人。

十九名员工为：从电电公社跳槽来的种野、深田三郎等人，今年刚进入京瓷就被调任至第二电电的新人雨宫俊武、山森诚司、高桥诚，以及股东三和银行派出的两名员工和来自京瓷的下坂等人。

另外，来自邮政省和索尼的四名员工将在 8 月入职，小野寺也将在秋季离开电电公社正式入职第二电电。但即便如此，这个公司阵容还是太过微型，无法不令人担忧。而迟迟未定的电话线路铺设方式则是另一个令人挂心的问题。

略迟于预定时刻，晚宴在下午六点三十五分正式开始。

索尼的盛田会长率先举杯祝酒。待众人谈笑略歇，社长森山开始落成致词。

“在别人眼中，妄图挑战百年豪强电电公社的我们同堂吉诃德几无差别。不过，我觉得堂吉诃德也没什么不好。以现在的我们来说，挑战电电公社倒确实是螳臂当车，不自量力。然而要想撼动电电公社这个巨人，要想促进日本电信服务的改善，就必须要有人站出来同这个巨人对抗。即使是被巨人锤飞也好。只要两相竞争就一定能够让日本的电信服务向着一个好的方向发展。”

“不过，假使第二电电企划最终没有成功，我们也不希望给大家造成什么损失。事业可行性调查的结果有可能极不理想，事业许可证不通过的可能也是存在的。在这种情况下，我方决定：所花费的成本由京瓷一力承担，众位所出的资金将全额归还！”

虽然，森山提到了失败的可能性，但下坂确信，无论情况如何，稻盛决不会轻易放弃。

凭借不屈的精神朝着目标一步一步地前进——这就是稻盛和夫。

2. 电电公社总裁的相助

“没戏了，真的没戏了。”抓着一份宣扬一体化方案的报纸来到社长室的森山绝望地呻吟道。

“现在说这话还为时过早，一切才刚刚开始。”稻盛坚定地反驳道。

但到底该如何打破僵局呢？稻盛心中也毫无头绪。

从东急新玉川线的用贺站的检票口出发，通过地下通道来到地表后，一条平直地延伸向环状八号线的公路就出现在眼前。公路两侧散布着一栋栋木制的古旧小屋。这是东京京郊随处可见的景色。

在这幅寻常的风景中，一栋公路边上的建筑物却鹤立鸡群，极为惹人瞩目。这是一栋雅致的六层建筑物，屋顶上挂着京瓷的红色标志——这正是今年 4 月刚刚成立的京瓷东京中央研究所。

刚刚诞生不久的第二电电企划就位于这个研究所五楼左手内侧的一角。在其他部门的层层包围之下的第二电电宛如处在大国统治中的一处小型少数民族自治区域。

1984 年 6 月，上午九点五十分——

会议开始前十分钟，第二电电企划的所有成员就已齐聚京瓷东京中央研究所会议室。早在第二电电企划正式设立前，第二电电的员工们就分成了数个小组，分别就光缆、通信卫星、微波等通信手段的优缺点，实施可行性展开调研。今天的会议就是要根据之前的调研，确定通信线路的铺设方式。

稻盛坐入席中，抬头打量起在座的诸人。

森山、千本、种野、下坂……

每个人的表情都充满了坚毅和昂扬的战意。但是，除此之外，同之前相比似乎还多了点什么。

焦躁！是的，众人的表情中无不隐隐透露出一股焦灼之情。

“那么开始吧。先从光缆开始。嗯。”

稻盛看了看场内，

“我先来吧”，

种野会意地起身，接过话来，

“从建设省和道路公团及国铁的选择中，我们可以看出在信息传输方式上，光缆具有相当的优势。其容量大，能够迅速地处理大量的信息。仔细算来，一根光缆的传输容量大约等同于五千八百根电话线。另外，光缆也适于图像等大容量数据的传输。除了通话需求之外也足以满足企业间对信息数据传递的需求。如果出现用户增加、流量不足的情况，也只需挖开地表增加一两根光缆就可。易于调节扩张需求。”

“哦？这么说全是优点，非常完美？”

“呃，缺点也有不少，下面就要说了。”

两人简短对话让众人不由得相视一笑。

“光缆最大的问题是如何保证光缆埋设用地一事。如果以购买的办法在东京、名古屋、大阪之间置一处相连接的狭长的埋设用地的话，所需金额将是一笔天文数字。更重要的是，根本不存在购买到这种土地的可能性。”

“在普通公路下挖洞埋设……”

“绝对不可能！”

种野斩钉截铁地否定了一名新人的提议。

“绝对不会给一家民营企业颁发道路占用许可的。而且道路等社会公共资源的修缮建设一向由建设省管辖，我们想要获得许可更是难上加难。”

“嗯。”

稻盛点点头，

“对他们来说，我们可是竞争对手呢。”

又解答了几个对光缆的疑问和建议后，千本开始了对通信卫星的说明。

“通信卫星的运作原理简单来说是这样的：发射一颗通信卫星到距地面三万六千公里的高空。地面基站向卫星发射电波，卫星再将电波传回地面，就可进行两地间的通讯。这种方式可以搭载大量的信息，范围可以覆盖日本全国。但是……”

“有问题？”

“是的。实际上以卫星为中介的通信手段并没有完全成熟。说得更准确一点，就是不成熟的通信手段导致信息传输的品质极为低劣。图像传输还好，声音传输的话会出现延迟现象……另外，卫星通信的成本也不低，粗略估算一下，只有信息传输服务的距离达到两千公里以上才能保证收支。但是，东京-名古屋-大阪间的距离仅有五百公里，不要说盈利，投下的资金估计都收不回来。”

“要想攻克传输上的技术问题要多久？”

“没有几年是拿不下来的。”

“这样啊……”

稻盛轻轻地叹了口气。虽然卫星通信实施的可行性确有吸引人之处，但提供逊于电电公社及其他竞争对手的服务品质可不在自己的打算之中。

“下面，由我来介绍一下微波通信。”

电电公社出身的深田三四郎起身说道。虽然小野寺是微波通信方面当之无愧的第一人，但他在电电公社的工作还没有完结，预计要到 10 月份才能正式加盟第二电电企划。

“嗯，这里现学现卖一下小野寺君的话。以微波为基础的无线通信技术是电电公社已经运用近二十年且已完全成熟的通信技术。在大雨、浓雾的环境中其通信质量也不会受到影响。在电电公社的实际运用中，其从未发生因气象变化而导致通信中断的事故。可以说该技术能够保证提供稳定并优质的通信服务。另外，微波通信容量大，只要增加微波设备就能扩充通信线路，在今后的扩张上也有一定的优势。”

深田翻了翻资料，继续说道。

“对于没有土地供铺设通信线路的我们来说，微波通信算得上是最实惠的方式。构建一个微波网络，需要每隔一定距离建一座信号塔。但是，就算是这样，点状分布的信号塔建设所要消耗的资金依然不多。根据估算，土地的费用加上信号塔的建设费，最多不会超过六百亿日元。”

众人都暗暗点头。第二电电采用微波作为通信手段是行得通的——统筹内部意见后的森山也是如此向稻盛汇报的。

“不过，实际上，这里有一个大问题。”

深田语调一变严肃地解释道，

“我们的上空有着各种各样的电波，错综复杂，就像罩着一张大网。有警察、自卫队的电波，还有美军发射的无线电波。如果我们发射的微波同某个公共电波相冲，就会发生串线事故，有可能导致非常严重的后果。”

“不能从电波间的间隙通过吗？”

深田摇了摇头，否定了森山的提议。

“因为这个电波……不论是自卫队的，还是美军的，都属于军事机密，不对外公开。没法找到空隙通过。”

“查不到吗？”

“去防卫厅问过了，回答说国家机密不予公示。说是如果让人知道了在什么地方通过什么频率的无线信号的话，可能会使正常工作受到妨碍，给公共安全带来威胁。”

“可是，电电公社不就有一条东京-大阪间的微波线路么?他们应该对这方面有点了解吧?”

“没错，正如森山社长所说。在我反复追问下，电电公社的相关负责人终于告诉我一个重要消息。电电公社掌握着六条东京-名古屋-大阪间的线路。其中，有一条线路是空置线路，并没有投入使用!”

“这么说，如果我们能拿到这条线的话……”

深田打断了森山的发言。

“不可能的。我们曾向电电公社的负责人再三请求，希望能获得这条线路的使用权。但是对方毫不松口，说这条线路是为规模扩张而准备的预留线路，决不会转让给别的公司。”

“这话确实吗?电电公社确实需要为将来的扩张保留一条线路吗?”

“不，他们是故意刁难。”

千本当即断言道，

“他们是不想给竞争对手送去任何战略物资。”

“以上就是我的汇报。非常抱歉。”

深田结束报告，坐回位子上。短暂的寂静后，是一阵夹杂着叹息的失望的议论声。

稻盛关注着每一个人的表情。

众人脸上焦愁的神色越发浓重。

“大家，辛苦了!”

稻盛的语气一如既往的平静，

“每组的调查都做得不错。光缆、卫星、微波的优缺点清楚明了。从调查结果看，形势的确不容乐观。不过，就现在这点麻烦只不过是正餐前的开胃小菜罢了。等到前方无路、山穷水尽之时，才是我们拓荒工作的真正起点。现在的状况还远远不到那个程度。我希望大家能够不放弃、不焦躁、不妥协，再下工夫，拿出勇气，继续调研，深挖每种通信方式的可能性。”

就在第二电电努力寻找可行的通信方式的时候，电信市场上又出现了新的动向。

建设省、道路公团和国铁开始了新公司的前期筹备。

来到京瓷东京营业所社长办公室的森山给稻盛带来了一份文件。是建设省、道路公团及国铁新公司的组建进程。这是森山凭借在通产省的人脉，从邮政省、建设省处收集到的竞争对手的情报。

森山说道：

“先说国铁。国铁不是采取直营方式，而是打算同民间企业共同出资设立专营公司。出资征集到 9 月末为止。之后，就和我们一样，开始事业可行性调查。然后，在电气通信事业法通过后正式成立公司，开始铺设东京至大阪间的光缆，预计来年就可以开始提供长途电话及数据通信等服务。”

“果然是光缆。”

“嗯，因为掌控着全国的铁道嘛。这就是有产者的厉害之处。呃，新公司的名字应该是‘日本 Telecom’或是‘日本电信服务’。”

稻盛点点头。

“另外，就是建设省和道路公团了。参与事业可行性调查的民营企业已大致有数了。一共二十九家。主要成员是东芝、NEC、日立制作所、富士通等电子设备供应商以及以三菱银行、三井银行为首的都市银行。另外还有房地产商三菱地所、电力铁道小田急电铁等，跟我们预计的差不多。只不过，他们家的第一股东却是完全没有料到的一支奇兵。”

“奇兵?”

“丰田汽车。”

“什么?!”

“是邮政省里可信渠道来的消息，应该不会错。听说丰田章一郎社长从很早以前就开始关注车载电话了。应该是希望能够同汽车起到相辅相成的效果。”

稻盛也赞同这一解释。

不管如何，获得销售额达五兆五千亿日元的庞然大物——丰田的加盟，建设省和道路公团的阵容益发强劲。

森山传来消息后数天，各大媒体关于国铁、建设省和道路公团成立事业可行性调查公司的报道也纷纷见报。

报道中称，国铁的事业可行性调查公司将于 10 月 1 日成立，名称为日本 Telecom，简称 JT。

公司资本金为二十亿日元。出资方包括以铁道弘济会、Station building 建设为首的国铁相关事业团体及都市银行、大型私营铁路公司、贸易公司等五十余家私营企事业团体。预计来年 4 月正式改组为事业公司。据可靠消息称，该公司已获得了国铁电气通信部门诸多专家的加盟。国铁前副总裁马渡一真将出任该公司社长一职。

建设省和道路公团的事业可行性调查公司将在一个月之后，即 11 月 14 日成立。公司名为日本高速通信，英文名为 Teleway Japan，简称 TWJ。

正如森山所说，丰田果然参与了 TWJ 的出资。TWJ 总资本金四十九亿日元，丰田以五亿的出资额同道路设施协会并排占据了第一股东的席位。丰田汽车顾问花井正八被推选为公司发起人代表。社长则由前首都高速道路公团理事长菊池三男担任。

随着三家新电电——以国铁为依托的日本 Telecom（JT），建设省、道路公团和丰田汽车创办的日本高速通信（TWJ），以及稻盛等人设立的第二电电（DDI）的相继出世，不少报纸、杂志纷纷发表评论对三者进行了比较。

内容千篇一律。

日本 Telecom 和日本高速通信最有希望，第二电电的情况最为严峻。

日本 Telecom 可以在新干线沿路铺设光缆，日本高速通信可以利用高速路侧沟或是中央隔离带。两者都可以较轻松地构筑起东京-名古屋-大阪间的通信网络。

可稻盛等人的第二电电却连信息传输方式都没有确定。有意见认为第二电电会采用光缆的传输形式。如果是这样的话，那光缆用地该如何解决？说来，第二电电能不能拿出一笔足以购置光缆埋设用地的资金还是个问题……

从人才储备上来看，第二电电也远不及日本 Telecom 及日本高速通信。

拥有车站间通信网的国铁旗下本就聚集了众多的技术工程

师及设备技术人员。建设省和道路公团内也有专门负责道路交通信息、经验丰富的技术人员。与此相比，第二电电内电气通信领域的专家仅有从电电公社请来的寥寥十余人。

“人才、资金上日本 Telecom 和日本高速通信占优势，第二电电居于下风。虽然一年后公司才能正式成立运营，但从现在的局面看来，胜负已分。”

有的报道已如此断言。

“这个说法也过于极端了……”

稻盛咋舌道。不过，第二电电尚未确定通信线路的传输方式确实是不争的事实。

9 月初，稻盛独自来到了位于东京站丸之内斜对面的国铁本部大楼，打算亲自见一见国铁总裁仁杉严。

在前台告知来意后，稻盛被请上了电梯。总裁办公室在大楼六层，正对着电梯门右侧立着的玻璃屏风。

在稻盛随秘书进入办公室的数分钟后，房间主人仁杉就推门而入。

1915 年生，现年六十八岁的仁杉凭借自己在新干线建设上立下的汗马功劳登上了国铁总裁的宝座。虽然也是技术人员出身，但仁杉精明强干的风貌倒更符合一名能吏的形象。

稻盛起身，对其拨冗相见表示感谢。

“请坐。”

仁杉说道，自己也在对面坐下。

“今天您特意来访有什么事吗？”

稻盛递过名片。

“我在京都经营一家叫做京瓷的配件厂。打算趁电信法改革这一契机进军电气通信事业。在今年6月份成立了第二电电企划。”

“嗯，我听说过。”

“那我就开门见山了。今天来是想拜托您一件事。日本Telecom沿新干线铺设光缆的时候可以顺带帮我们铺一条吗?”

“啊，什么?”

仁杉目瞪口呆、不敢置信地反问道，

“你知道你在说什么吗?”

“当然。我们会支付我方的设备费用。嗯，铺设地的费用我们也会支付的。”

“稻盛君……”

仁杉有些呆滞地看着对方，

“国铁的铁道用地是国铁的。我们是可以在那儿铺光缆，凭什么要给你们行方便呢?”

“正如您所说。不过，既然你们都要牵光缆了，牵一条和牵两条不是一样吗。”

“不管你怎么说，这事不可能。”

仁杉直起身子毫不客气地下了逐客令：

“如果没有别的事情，那就这样吧。再说下去也不过是浪费彼此的时间。”

“既然您都说到这份上了，那容我斗胆问一句……”

稻盛纹丝不动，仰头盯住仁杉道：

“国铁的……日本国有铁道的用地不是国有的土地吗？国家的财产是公共的财产，是国民的财产。土地应该公平地为民所用——我觉得这可不是什么没有道理的事，您说呢？”

仁杉哑口无言。

稻盛继续道：

“可是，您却宣称国家的财产、公共的财产是日本 Telecom 的私有物，只能为这家民营企业所用，宣称日本 Telecom 理应用国家的土地来铺设私有的光缆。这公平吗？这种不公平的事情是理所当然的吗？毫无疑问，如果是在美国，这就是违反反托拉斯法（The act of monopoly）的不正当竞争！”

“这个……”

仁杉终于开口道，

“这不是明摆着没有可能性的事么？你说的在现实中是没有可能的啊！稻盛君。”

仁杉露出同情而无奈的苦笑。

“我理解你。如果实在没有构建通信网的方法的话，也没必要非钻这个牛角尖不可。在企划阶段就放弃了吧。”

离开国铁总部的稻盛疾步向京瓷东京营业所走去。

或许有万分之一的可能获得对方的支持——抱着这一缕渺茫的希望争取到了这次会面。果然，还是不行。

作为一家国营企业，国铁无法理解自由竞争中公平、公正的重要性。美国的法律规定：任何将国有的公共财物私有化的行为都触犯了反托拉斯法。对多数的民营企业来说，该司法判例保证了竞争的公平。

而日本社会则不同。在日本，日本 Telecom 一家公司可以堂而皇之地独占国有财产，在公有的土地上铺设光缆。

稻盛不满地踏着步子继续向前走去。

同仁杉会面后又过了几天，稻盛接到了建设大臣水野清的电话。虽然稻盛并不认识这位建设大臣，但森山却同对方有着深厚的交情。

客套地表示了对突然来电的歉意后，水野说道：

“想必你也知道。建设省和道路公团也要参与电气通信事业的竞争。这事儿我想和你谈谈。我们见见吧。”

轻松愉快的语调中透露出对方的善意。水野一直积极推动行政改革，是特殊法人民营化的支持者。他是不是对挑战电电公社的唯一纯粹的民营企业抱有好感，打算给予帮助呢？

翌日，稻盛来到水野的事务所。水野笑着迎了上来，招呼道：

“听说在忙构建通信网的事，很不容易吧。”

“确实，这事儿比较麻烦。实际上，我也想请您帮帮忙。所以一听到您的邀请就厚着脸皮赶过来了。嗯，不知道日本高速通信沿高速路铺设光缆的时候可不可以顺带帮我们……”

“稻盛君，我正是想谈这事。你出资日本高速通信，怎么样？”

“您是说做股东？”

水野点点头道：

“出资的话就能享有股东应有的权利，多少也能行个方便啊。”

稻盛接受了水野的建议。京瓷出资入股日本高速通信。出资额一亿日元，投资比例近百分之三。

然而，事情的进展并不像水野描述的那么顺利。

稻盛数次前往建设省，以第一股东企业的领导者的身份提出租借光缆用地的请求，但建设省的相关负责人却迟迟不肯点头。

水野的承诺应该不虚。他也应该交代了负责人要“给稻盛行个方便”。

可是，下属官员却没有任何实际的行动。稻盛完全可以想象这些人的做法。面对水野，肯定是满口答应“明白明白”，但是转过头来就摆出一副绝无此事的样子。阳奉阴违，正是官僚们的一贯作风。

在寻求线路铺设方式屡战屡败的僵局中苦苦挣扎的时候，一股逆风又袭向了稻盛等人。

邮政省和商界的一部分人提出应该采用一体化的方式，合并第二电电、日本 Telecom、日本高速通信这三家新电电公司。

事情的起因是 7 月份，邮政大臣奥田敬和在记者会上的发言。面对记者的提问：“日本 Telecom、日本高速通信和第二电电三者分立的局面有助于电信市场的成长吗?”奥田是这么回答的：“今后也有可能出现统合的趋势。”

奥田解释道：“电电公社和新电电就好比是大人和小孩，力量悬殊。但如果小孩们团结起来，也能有一番作为。”

随后日本经济团体联合会会长稻山嘉宽在记者例会上对奥田的发言表示赞同：“新电电三社一体化的方式最为妥当。”

于是，一体化的呼声立刻水涨船高。不久，连媒体也纷纷附议，摆出非一体化不可的舆论声势。

但是，一体化方案对稻盛等人来说是无论如何都不愿接受的下下之策。

如若一体化，必定是将无法铺设通信线路的第二电电并入日本 Telecom 或是日本高速通信。这等于强制第二电电退出竞争。

是否退场应由市场竞争来决定，由消费者来进行决断。在比赛尚未开始就剥夺选手的参赛资格，强制其退场，不论从哪一点来看这都称不上是公平之举。

“没戏了，真的没戏了。”

抓着一份宣扬一体化方案的报纸来到社长室的森山绝望地呻吟道。

“现在说这话还为时过早，一切才刚刚开始。”

稻盛坚定地反驳道。

但到底该如何打破僵局呢？稻盛心中也毫无头绪。

破冰的征兆出现于 9 月中旬。

一通电话带来了转机。

刚从东京回到京都京瓷本部的稻盛接过秘书递上的便笺，意外地发现电电公社的总裁真藤来过一个电话。

“有什么事吗？”

“他没有说。”

“要我们回电话？”

“也没有交代。只说了一句‘注意明天的报纸’。”

“看报纸？”

翌日，翻开晨报的稻盛立刻领悟了真藤的用意。

报纸以《电电公社总裁访谈 东京至大阪“富余线路”》为题刊登了一篇报道。

报道如此写道：

9 月 19 日的记者招待会，真藤恒总裁在谈到新电电的通信线路问题时表示，电电公社尚富余一条东京至大阪的微波线路。对此，设施局局长也补充解释：“沿中央干道还空余了一条线路”。

新电电构建通信线路的方式不外乎光缆、通信卫星和微波线路三种。

日本 Telecom 和日本高速通信已公开表态将选择光缆的通信方式。而此次真藤总裁的东京大阪间富余线路的发言则为第二电电打开了微波通信的大门。

邮政省的相关人士也表示：“以微波为传播手段的无线通信‘只要间隔一定距离建立中转站即可，其成本相对较低’。”

稻盛抓着报纸翻来覆去地看了数遍。越琢磨越觉得真藤在记者会上的发言就是向自己这伙人发出的一个信号。

真藤“还有一条线路”的发言对第二电电具有极其重大的意义。

在之前的会议上，深田三四郎就提过电电公社在东京至大阪间尚余一条线路的情况。但同时，深田也提到该线路是为将来扩张而准备的预留线路，电电公社对己方的再三恳求完全无动于衷。

然而，真藤开口的“还有一条”意思可就大不一样了。如果再次交涉，对方很有可能愿意让出这条空余线路。

可为什么要打电话让我去看报纸呢？为什么要利用记者会来传递信息呢？

一方面应该是出于抑制电电公社拆分论的目的。新电电中，唯一纯粹的民营企业只有第二电电一家。如果第二电电在事业可行性调查的阶段就崩溃解体的话，将大大影响电电公社的民营化，拆分论的声势将更进一步。

另一方面，应该是认为即使提供微波线路，以第二电电的实力也不会对电电公社产生什么威胁。

同国铁运营的日本 Telecom 或是以建设省和道路公团为靠山、丰田为第一股东的日本高速通信相比，第二电电可谓是赤手空拳，人、物、钱事事皆缺。如果将电电公社比为巨人，第二电电就如同一名幼儿。幼儿发出的任何攻击对巨人来说都是不痛不痒的。给第二电电行点方便倒是无甚妨碍，日本 Telecom、日本高速通信的继续成长才是令电电公社最为警惕的事。

理清思路的稻盛立刻抓起话筒，拨通电话，对出现在电话另一端的真藤发出邀请："尽快，有空见见么？"

真藤笑容满面地将稻盛让进电电公社的总裁办公室。真藤目光锐利、身材魁梧，浑身洋溢着满满的干劲。

"一直想找个时间，跟你好好地聊一聊。今天终于可以一偿夙愿了。"

"不敢当，不敢当。"

"嗯？啊，不好意思。年轻的时候在造船厂打铆钉打得耳朵都不好使了。来，来，这边请。"

把客人让至沙发后，真藤问道：

“报纸，看了吗？”

稻盛点点头。

“那我就直说了。我们这里还有一条东京至大阪的微波线路，你们要么？”

“真的？”

“公司里已经同意了。”

“谢谢，真是太谢谢您了。”

稻盛躬身谢道。

“哪用得这么夸张。之前我就说了，你们的出现可是帮了我大忙了。没有你先站出来，我这儿的民营化就开展不下去，不进行民营化就改变不了国营公司大锅饭的意识。稻盛君，你知道么？我刚刚接手电电公社的时候，公司里的情况真是让人目瞪口呆，气得我七窍生烟！”

真藤点了根烟，悠悠地回忆道：

“应该是‘电电为国民服务’，对吧？电电公社那帮人可不是这么想，他们想的是‘国民为电电公社服务’。对客户都是居高临下的态度，摆出一副大爷施舍的嘴脸。比如，客户不叫客户，叫‘加入者’，收电话费不是‘承惠’是‘缴费’。‘缴费’和‘缴税’一样，不都是上对下的口气么？这种狂妄自大都是垄断给祸害的。我只能对他们一遍一遍地说‘你们说的那是日语么？那叫电电公社语。现在，你们要给我改成日语！’”

真藤吸了口烟，一边吐出烟气一边叹道：

“垄断是万恶之源。不仅侵蚀了为客户、为国民、为社会服务的根本目标，还把好好的人都变成了一群骄傲自大的废物。”

离开位于日比谷的电电公社总部，稻盛心中的兴奋简直难以自抑，恨不得插上翅膀立刻飞回去，把微波线路到手的好消息传回公司。

一时间，乌云散去，晴空万里，前行之路现出身形。拿到线路后就可以开始着手准备微波线路的建设了。历经波折，第二电电终于站到了长途业务服务商的起跑线上。

回到第二电电企划的稻盛立即将员工召集到社长室。

听到这个消息，社长森山、副社长中山一以及金田秀夫、千本、种野、片冈、下坂……所有人的脸上都堆满了笑容。

“终于解决了！”

森山百感交集地说道。

“啊，是啊。可以给不倒翁画上一只眼了（祈胜习俗）。”

稻盛笑着应道。

3. 争分夺秒的选址和建设

“怎么又到了这个时候……”

小野寺苦笑道。为什么呢？为什么自己会日日努力到这个程度呢？小野寺暗自纳闷。

“这可有点不对，好像越来越偏了。”

一边拨开及胸高的茂密的山白竹丛，一边爬下山坡的山森城司慢慢停下了脚步，望了望周围自言自语道："还是回到山顶确认一下最初攀登的方向为好。"

看了一眼手表，山森发现已经没有折回的余裕了。现在已过午后四点半，正是日落时分。距山森所在的爱知的设乐町山地区最近的居住点还有数十公里。一旦日落，四周一片漆黑，就将寸步难行。

"先下去再说，到山下了总能有办法。"

山森一边给自己鼓劲一边再度迈开脚步。

山森是第二电电企划的年轻职员。去年，山森入职京瓷，加入第二电电项目。这次来这片远离人烟的深山老林是为了确定东京-名古屋-大阪间微波通信网中转站，也就是信号塔的具体位置。

去年，1984 年 12 月，同电电公社总裁真藤向稻盛保证的一样，电电公社送来了东-名-阪间微波线路的设计图。

以电电公社的设计图为基础，山森等第二电电企划的工程师们经过反复讨论和计算，终于确定了第二电电的专有微波线路。主持这一工作的正是结束电电公社的工作，于 10 月份正式加入第二电电企划的小野寺。

根据新的设计方案，第二电电企划将设备通信据点设于东京、名古屋、大阪三地，并在三地间设置八处信号中转站。考虑到东京至大阪间距离约为五百公里，所以信号中转站的设立以五十公里为一间隔。

当然，信号塔不是随便选一处地方就可以的。中途的障碍物会阻隔微波的传递。因此，信号塔一般建在高山之上。

山森等人按照小野寺的要求，在比例尺五万分之一的地图上以等高线为标准筛选合适的地点。东京至名古屋之间，入选地点为吉泽、片盖、藤枝、秋叶、出来山、御嵩六处，名古屋至大阪间为国见、阿星两处。

挑选完毕后，山森等四名年轻人就依次前往选定地点。他们需要爬上当地的高山去确定该地是否适合设立无限信号塔。

检测标准是一种被称为“镜子测试”的实验。两人分站两地，各举一面中间开口，包有石棉的特殊镜子。双方通过镜子反射来传递信号。如果太阳的反射光照亮镜子上的石棉就表示两地间无障碍物，适于微波传递。

非常幸运，所有的预定地点都通过了试验。今天，镜子测试也得到了令人满意的结果。来自秋叶高山上高桥诚的反射光成功照亮了山森镜子上的石棉。

下一步的任务就是确认土地所有者。众人将同承包项目建设的大林组一起同土地所有者进行交涉。四个年轻人每人要拿下两处预选地。用小野寺的原话说，就是：“把地拿到手之前谁都不准回来。”

山森从没有想到自己有一天会进入第二电电企划，开始接触通信事业。

大学时，山森的专业是化学。为了学以致用，毕业后山森来到京瓷应聘，并于去年春天成功就职。

进入公司后就是为期两周的集体研修。包括山森在内的一百六十名新人开始接触被视为京瓷企业文化的稻盛的经营理念及管理会计等学习内容。

研修即将结束时，各部门的代表召开了一场说明会。陶瓷事业部部长、商品事业部部长等各部门代表轮流上台介绍各自部门的情况。

每个人的介绍都各有特色，令人向往。然而在听过情报企划部部长千本的介绍后，山森觉得其他人的发言就相形见绌了。

千本的发言与其说是一个简单介绍倒不如说是一篇斗志昂扬的檄文。

“日本电气通信业已经由电电公社一家垄断的时代走向了竞争的时代。我们打算挑战电电公社。事业可行性调查公司不日就将落成。我们将打响日本电气通信业革命的第一枪……”

被千本的话深深吸引住的山森，在随后的就职部署的意愿申请中，将情报企划部列为第一志愿，而能“学以致用”的陶瓷部则被降到了第二志愿。

虽然报了志愿，但山森根本没有想过自己能如愿以偿。自己对电信一无所知，而且从人事专员处听说因千本的一席话将情报企划部列为第一志愿的人不在少数。

那为什么最终选择了我？同期的一百六十人当中，最终进入情报企划部的仅有九人……

集体研修的最后一天，从人事专员处接到情报企划部的入职通知时，山森觉得自己仿佛身在梦中。拍了拍同样入职情报企划部、此刻也是一脸茫然的雨宫俊武的肩，山森问道：

“你也是第一志愿？”

雨宫涨红着一张娃娃脸用力地点了点头。

“嗯。第一志愿情报企划部，第二是商品事业部。我完全没有想到竟然可以通过呐。”

“山森君，雨宫君。”

高桥加入两人的谈话，

“以后要请你们多多关照了。大家一起加油！”

记得在公司宽敞的和室开新人联欢会时，高桥曾非常个性地说过：“我是工学部出身。之前接到过很多份工作，但没有特别想做的事。”然而，现在这位冷酷帅哥同雨宫一般，细长脸上满是兴奋的红晕。

“也要请你多多关照了。不过没关系么？我专业是化学，对电信完全是门外汉。”

山森突然担心起来，患得患失地说道。

“说到专业的话，我也是一样。”

高桥微笑着说道，

“不过这不是很有趣么。这是京瓷里谁都没有做过的工作。”

“这个倒是……但为什么会选上我呢？”

没过多久，是稻盛挑选出山森等九人的传闻在同期入职的员工间流传开了。于是，当稻盛接见新员工时，有人鼓起勇气问道：

“听说我们九人是由社长您挑选出来的，真是这样吗？您是看重我们哪一点呢？”

“唔，是么？”

稻盛露出一副茫然的表情。

稻盛的表现让山森开始怀疑传闻的可靠性。到底稻盛有没有插手这事呢？到底为什么选中我了呢……

山森默默地向山下走去。

兽道般的小路难以立足，四处横倒的林木阻碍了前进的道路。再加上山坡上丛生的山白竹，下山之路迟缓难行。

缓缓西移的日头渐渐逼近山棱。黑夜即将来临。要是天黑之前还没有找到下山的路就只能露宿野外了。

据说3月的夜晚，设乐町山间的温度将降至冰点以下。就算裹上羽绒服，寒气依然能冻彻肺腑。

“这下糟了。”

话刚出口，山森就感觉脚下一滑，摔了个屁股蹲。然后就着屁股着地的姿势，一溜儿滑下一米多高的陡坡。

“痛、痛、痛……”

当好不容易站起身子，再一次从山白竹丛中探出脑袋的时候，山森惊喜地发现远处林中一条小道若隐若现。

凝目远眺。没错，正是来时的车道。平整的道路上车辙还清晰可辨。停车的地点就在附近。

“太棒了！有救了！”

山森不由得开心地叫出声来。

“下一个去找出来山上建信号站的地点。”接到山森报告的小野寺马上给出下一个指令，“另外，最好明天把那块地的所有人也找出来。”

微波通信网的建设进展可谓是喜忧参半。

一无所知的新人们凭着一股莽劲儿，竟然闯出了点的名堂，信号塔用地征用工作进展得极为顺利。出来山地区的土地只要找到所有人就可以开始交涉，而国见地区则已经同所有人达成了初步的意向。

12 月中下旬，拿到电电公社线路设计图后不久，第二电电就马上展开了国见山区的调查。12 月的国见山区大雪纷飞，马上就将冰雪封山。如果再迟一个星期，进山就只能等来春了。立刻开展调研无疑是极为正确的决定。

另一方面，微波网络中心的土地征用却遇到了麻烦。

名古屋的网络中心在去年年末就同土地所有人签订了土地租赁协议。3 月时，大阪网络中心的土地租赁也有了眉目。然而，最为重要的东京据点的位置却迟迟没有确定。

已挑出的五处候选地在逐一讨论后，都因为地权所有人太过复杂、面积不足、土地用途限定等问题一一遭到排除。时至今日，依然没有找到合适的地点。

已没有多少余裕的时间了。非常清楚这一点的小野寺焦躁地揪着头发，一筹莫展。

据各大媒体报道，拥有土地的日本 Telecom 和日本高速通信的光缆铺设工程正在稳步推进中。一完成网络构建，就将正式开始长途电话业务。

第二电电必须得跟上这个步伐。如果落后于人，市场份额就会被竞争对手们瓜分殆尽。

那么，到底要在多少时限内完成网络建设呢？

需要构建的通信网络据点共三处，信号塔八所。同时，各处还需装备上卫星天线、交换器等通信设备。

如果是电电公社负责该工程的话，会把整个项目拆分成数个部分，由不同部门分担。比如由无线部门负责选地，财务部门负责交涉等等。考虑到部门间的交涉协调，整个工程至少要耗时八年。

与此相比，小巧灵活的第二电电三年内就能完成该工程。然而，即使这样，时间还是不够。以日本 Telecom 和日本高速通信的进程速度来看，第二电电要在两年半内完成整个工程才不至于失去先机。只是，这有可能么？

按捺住焦灼的心情，埋头继续手上工作的小野寺忽然注意到表上的时间，已是午夜一点左右，早过了最后一班电车的时间了。

“怎么又到了这个时候……”

小野寺苦笑道。为什么呢？为什么自己会日日努力到这个程度呢？小野寺暗自纳闷。

是因为同无线微波工程师活跃领域越见狭隘的电电公社不同，在第二电电自己能够充分发挥自由挥洒的缘故吗？

有这个因素的作用，但并不尽于此。嗯，难道是自尊心的缘故？作为曾经的电电公社年轻工程师首席的自尊使自己不甘落后于竞争对手吗？

“小野寺先生，您还在忙啊！”

是雨宫。

“大家说出去喝酒休息一下。您要一起吗？明天是星期天……”

“嗯，偶尔也去放松一下吧！”

“好啊，大家一块去。”

雨宫高兴地笑道。

看着雨宫兴奋的表情，小野寺突然明白了促使自己如此努力的最重要的原因。

因为这群家伙的存在啊。虽然这群小子还什么都不会，要教的东西还有一大堆，但看到他们的那股闯劲儿，那纯粹、勇往直前的斗志，小野寺就觉得自己没有理由辜负他们的拼搏，没有理由不带着他们走向成功。

走进电梯的两人听到了一声招呼，“辛苦啦。”

是木下龙一。木下原是邮政省干部，于去年，也就是1984年进入第二电电企划。现年四十一岁。目前，负责第二电电同邮政省之间关于以自有电信线路提供服务的第一类电气通信事业许可的交涉工作。双方就这一问题的商讨已持续了数日。

“要去邮政省吗？”

木下点点头。

“很辛苦啊！”

对小野寺的这句话，木下却摇了摇头反驳道：

“哪里，跟大家相比我这算不了什么。而且现在也不是在用贺了，离官厅街近得很。”

木下所说的是第二电电企划的搬迁。第二电电企划于去年11月由京瓷中央研究所搬至虎之门34号森大厦。除了原环境过于狭窄之外，邮政省日益增加的频繁传召也是搬迁的主要原因之一。从位于用贺的京瓷东京中央研究所出发到邮政省要一个小时的时间。而从新办公地点出发，搭出租车的话整个路程还用不了五分钟。

“那我就告辞了。”

木下向小野寺打了个招呼，先一步离开了电梯。

考虑到最近连续数周不分假日地泡在办公桌前，木下打算步行前往邮政省来弥补一下近来巨减的运动量。交涉估计要拖到凌晨两三点。刚好还可以趁现在享受一下新鲜空气。

穿过虎之门的十字路口，沿着樱田大道直奔霞关，没多久，就能看见前方熟悉的官厅街的建筑群。

离开长年工作的地方，然后以一民营企业员工的新身份回到原单位，这多少令人有些尴尬。不过，自己并不后悔。不仅如此，对能够成为第二电电项目中的一员，木下感到十分地荣幸。参与一个崭新的事业，这可是在公务员时代从未有过的体验呢！因此，自己要做好事业计划的起草工作，把第一类电气通信事业许可给拿到手！只有这样，才能不辜负给予自己机会与信赖的稻盛会长及森山社长。

木下不由得慨叹命运的奇妙。离开邮政省、加入了第二电电企划的自己一年前还是邮政省电气通信政策局的一员，是以政府决策人的立场参与这场自由化改革的。

当时的自己只是把京瓷等民营企业的动向当作时事略加关注，并未将其放在心上。记得最初看到《京瓷开始筹备“第二电电”——计划铺设东京至大阪间通信光缆》的特讯时，自己极为冷淡地给出了“外行人所为”的评价。

当然，这么说也不是没有依据的。能够铺设光缆的场所一般只有公共道路。一介民营企业怎么能拿到公共道路的使用许可呢？更不要说在道路上开工挖掘、埋设光缆了。第二电电的铺设光缆绝对是异想天开。不看好此事的木下认为“照这样下去工程必定陷入僵局”。

去年 5 月，木下曾为出席第二电电企划落成晚宴的上司代笔祝词。内容如下：“电气通信法的宗旨在于通过引入民间市场的竞争，增加电气通信事业的活力，达到提高服务质量的目的。作为一家纯粹的民营企业，第二电电能够参与到该事业中是值得称道的一大幸事。作为政府一方，邮政省希望你们能够再接再厉……”

谁想就在晚宴结束后的数日，上司突然找来木下问道：“第二电电企划的森山一再跟我说想要一个人去他们公司。你有没有兴趣？”

木下想了想就干脆地答应了下来。

“好。”

到目前为止，木下一直是站在政府的角度来看待并推行电气通信自由化事业的。如果改换立场，站在民间企业的角度，也就是参与者的角度来推行事业又将如何呢？突然间木下就有了兴趣。如果成功固然不错，就算失败那也是难得的体验。

“喂，你等等。”

上司反而大吃一惊，

“好歹和家里商量过了再答复啊。给你三天的时间，好好考虑清楚了再说。”

到达邮政省，找到预定的会议室，木下推门走了进去。负责通信事业许可的电气通信政策局的人已经到场。

每个人神色中都透出深深的疲劳。以电气通信事业法为支柱的电气通信改革三法即将正式施行，邮政省的职员白日里要忙着法律施行的相关事宜，晚上的日程则挤满了类似现在这样的交涉和谈判。

把资料分给出席人员后，木下开始说明。内容包括服务开始后第一年度的消费者人数预测，三年后的人数增长率，每年的设备投资额以及通过电话费用来估算的未来收支等等。

出席者专注地听着，不时记上两笔。说明结束后，与会人员将指出该事业计划的种种不足。木下回去后就需要根据这些反馈意见重新修改计划。

这样的流程不断反复，已持续了数周。此时，离电气通信事业法的正式施行仅剩一个月，日本通信业变革的历史时刻就在眼前。

1985 年 4 月 1 日——

电气通信改革三法——电气通信事业法、日本电信电话株式会社法及关联法案正式施行。从此，电电公社的民营化，电信事业的市场化正式以法律形式被规定下来。

第二电电企划也由一家调查公司正式转型为事业公司，更名为第二电电。

“无人愿做的话，就让我来做！”

距稻盛下定这个决心已过去两年多。第二电电成功晋为事业公司，这也意味着对电电公社的挑战进入了下一环节。

不久，微波网络中心的建设终于也有了进展。根据消息，一处位置恰当的闲置地进入了众人的视野。

6 月 20 日，站在这片杂草丛生的空地上，小野寺终于确认了这片土地将是建造微波网络中心最完美的地点。

这片闲置的丘陵位于多摩市南郊，位于日本最大的新兴居住区多摩新镇的南端，乘巴士从京王多摩中心站出发需十五分钟左右。

眼前，将多摩新镇横切为东西两半的南多摩尾根干线道路笔直地伸向远方。道路两侧，商品住宅楼相对而立。四周没有高山、高楼等障碍物。搭乘京王线从车站至新宿只需四十多分钟，交通通畅。如果能把这块地确定为至今仍未定址的东京微波网络中心用地的话，对整个工程来说就是一大进步。

“不赖吧?!”

三菱商事派驻第二电电的野村一笑着问道。四十一岁的野村有多年从事店铺开发的房产工作经验，现担任第二电电的设施部长，全权负责微波网络中心用地的交涉谈判工作。也在信号塔用地交涉遇到困难时，为山森等人提供咨询帮助。

顶着一张晒斑严重的严肃面孔，将敦实的身子裹在花色衬衫下的野村看上去一点都不像一个贸易公司的商人，反倒更像是某个部门的下凡干部。

“竟然能找到这么好的一块地……”

“是三菱商事拿过来的地产。土地所有者是开发多摩新镇的住宅城市整备工团。大概他们是觉得这块地建商品房不合适，所以跟东京都协调了一下，就在不久前，把地从第二类住专中划出来了。”

小野寺一愣。

“第二类住专，是指第二类住宅专用地。市区内土地一般按住宅区、商业用地、工业用地等不同用途来划分，第二类住专就是其中一种。该用地必须为‘保障中高层住宅良好居住环境的用地’，对办公室、商店的高宽都有一定的限制。”

“也就是这块地现在没有这些要求了?”

“是。据说东京都有在尾根干线这一侧建商业街、工厂等商工业设施的倾向，所以解除了第二住专的限制……”

绕着候补地转了几圈后，小野寺同野村踏上了归程。两人将向在公司内等候的森山汇报候选地的情况。

“信号塔那边怎么样了？”

坐在京王线上，野村随口问道。

“确保用地的事新人倒是还行。主要是施工很让人头疼。”

“哦？我倒是和承包商打过交道，或许能提供点意见。”

“谢谢，现在我们最主要的问题是工期。电电公社的工期是八年，但我们最慢也不能超过两年半。”

“两年半？”

野村瞪大眼睛。

“这个不太可能吧。又不能让它偷工减料。”

小野寺突然转过头来，紧紧地盯住对方。

“您刚才说什么？偷工减料？”

“我说不能偷工减料。”

“哈哈！原来如此，好主意！”

不知所谓的野村愣在原地。

“野村君，你说我们建信号塔的时候，可以用直升机把器材运到山上吗？”

“啊？呃，这个倒是可以。你想做什么呢？”

“嘿嘿，我们回公司再说。”

小野寺神秘地笑道。

缩短工期的方法原来如此简单。完全没有必要照搬电电公社的施工方式。

建信号塔或微波网络中心时，电电公社有一套名为“标准式样”的施工方式。为了将来设施功能变更的需要，该方式会在每一地点都配备整套的通信设备及机器，包括当前暂不需要的设施。

如此一来，施工规模必定不小。工程在山顶的情况下，要先建好通往山顶的公路，等卡车把一应材料运至山顶后，工程才能正式动工。有时为了以防万一，甚至还得在公路边挖一道路沟。

小心谨慎固然没有坏处，但对现在的第二电电来说，这个标准毫无必要。完全可以等到利用者增加、网络设备确实出现不足的时候再进行补充。

在事业初始阶段，只需维持最低限度的设备，轻装上阵。如此一来，不仅能够压缩工期，还可以降低成本。

另外，如果能用直升机运输资材，请施工人员步行上山施工，还可以节省一到两年修建道路的耗时，工程进度将大大提升。

这一招可不能说是偷工减料，应该说是彻底避免了浪费。

回到公司的小野寺和野村向森山做了一个简要的说明。听罢报告，森山马上做出了开始同住宅都市整备公团进行土地买卖交涉的指示。

“太棒了！小野寺君。终于迈出了一大步呀！”

野村兴奋地说道。这时，屋外响起了敲门声。木下推门而入。

“刚刚接到以前邮政省同事的通知。我们公司的第一类电气通信事业许可发下来了。明天，也就是6月21号正式交付。”

“是么！”

森山不由得站起身来，

“好，终于可以开始了！”

“另外两家呢？也通过了？”

木下点点头，肯定了小野寺的问题。

“同时，也通过了日本 Telecom 和日本高速通信的许可。”

必须尽快完成微波线路的建设，小野寺咬了咬牙暗自下定了决心。

4. 与基站附近居民的交涉

> “现在我们已没有退路了，拿出诚意，打动对方是唯一可行的办法。总之，现在是背水一战，只能迎头而上！”

6 月下旬，第二电电终于开始了东京网络中心的建设筹备工作。

然而，工程的进展并不像预想的那么顺利。同东京都及多摩市的住宅都市整备公团的交涉颇为耗时，原以为能轻松完成的事却费了一番周折。最终，两方在 10 月 17 日达成了东京微波网络中心用地的购买协议。这时，离最初选定地址的日子已过去了四个月。

糟糕的是，问题不止于此。还有比同东京都及住宅都市整备公团的交涉更为麻烦的事。

“你们到底要干什么?”

雨宫耳边的话筒中传来对方怒气腾腾的质问。

“一从公司回来，妻子就跟我说了‘今天，第二电电的人来过。说要在附近建一个叫什么东京网络中心的，送过来了一份工程计划。’我一看计划书，好家伙，你们一来就是一个一百米高的信号塔。吓死人不偿命呐。”

“呃，没有一百米，我们这个只有八十米的。”

“有什么区别?叫你们的负责人来解释。你们的社长呢?”

“现在不在公司。等他回来了一定给您回电。”

雨宫留下对方的姓名及电话号码，搁上听筒，不由得长叹了一口气。这已经是今晚第三通投诉电话了。

是的，现在困扰第二电电的最大难题就是当地居民对微波网络中心建设的反对态度。

早在今年夏，第二电电就注意到了当地居民对微波设施建设的不合作态度。

于是，在土地正式购入后，从 10 月 17 日开始，第二电电全体出动，挨家挨户地拜访周边居民，希望能获得邻居们的体谅。

可居民们的反弹程度比预想的要激烈得多。有人勃然大怒，冲上门的第二电电员工大发脾气，也有不少人像之前那位一样通过电话来表示抗议。

“就这个样子，微波网络能在两年半内完成吗?”

一阵不安涌上雨宫的心头。

“各位，社长说到会议室集合。”

山森向忙碌于接电话的雨宫等人招呼道。负责信号塔建设的山森一直奔波于出来山、御嵩的群山之中。炎炎夏日下的野外作业让他晒出了一身黝黑的肤色。这让他同负责经营企划等内勤工作而保养得一身雪白的雨宫形成了鲜明的对比。

"什么事呢?"

"当然是东京网络中心的事。要决定是进还是退……"

一众人聚到了会议室。把大家集中到一起，群策群力，一个个地解决问题，这是森山一贯的做法。不过，今天的会议却没有了往日的热烈，众人毫无活力默默地坐着。

"现在的情况非常麻烦。"

森山打破沉默，率先说道，

"据多摩市市政府的消息，附近的居民打算以各社区的町内会为中心，形成三个反对团体进行抗议活动。尾根干线东侧的居民尤为激进，据说要向多摩市长及市议员提交要求暂缓工事的请愿书。从安静的新镇一角突然冒出一个古怪的设施，对居民们来说，这就是一件让人忌讳且不愿接受的事吧。"

"现在果断地退出也不失为一个解决方案。"

千本小声地说道，

"不要在泥沼里越陷越深。"

"可是，如果现在撤退的话……"

小野寺刚要反对，一个声音先插了进来。

"大意了。被第二住专撤销的条件给迷住眼了。"

是野村。

"住宅都市整备公团一直很关注这个问题。交涉的时候他们就说过，要卖是很容易的，就是担心当地居民的态度。”

“怎么回事?”

片冈追问道。

“东京网络中心的土地到去年为止还属于第二类住宅专用地。因此，当时公团的对外说明称四周的土地全为住宅用地。入住的居民都是在这个说明的前提下购房的。但是，现在这块地不仅不再属于第二住专，而且还有了微波网络中心的建设计划。同公团当时的承诺实在太不一样了。”

“这样啊。这样的话……”

森山抱着胳膊仰起头，无意识地望着天花板盘算着，

“撤退也不失为一个可行的办法。”

“但是，撤退的话现在计划的路线可就行不通了。”

雨宫情不自禁地脱口道，

“山森、高桥干得那么辛苦，一下子就全成泡影了。”

“我们没关系。问题是……”

小野寺打断山森不好意思的谦让之辞，态度明确地说道:

“我倒是同意雨宫的话。如果我们从头打造微波网，肯定赶不上日本 Telecom 和日本高速通信了。”

森山偏了偏脑袋，思考片刻，问道:

“野村君，多摩周边，这块地是最后的选择了吗?”

“当前来看，我认为应该是无限接近于最后的选择了。是否还有，不找一找我也没有绝对的把握。”

“那就去找。什么旮旮旯旯都翻一遍。就算是选址变更，我也希望仅是小范围内的变动。小野寺君，这个安排可以接受么?”

“那要放弃现在这块地?”

“总不能无视居民的反对吧。”

“可是……”

“难道我们还能强行动工吗?雨宫君,你说呢?”

雨宫无可无不可地点了点头。

当夜,雨宫辗转反侧,难以入眠。不甘、愤怒、懊恼等负面情绪交织于心头。

放弃真的好么?居民的反弹确实激烈,但我们难道不该再努力一把试试吗?

早上,几乎一夜未眠的雨宫推开被子爬起床,比平时提早许多离开了员工宿舍。

到了位于虎之门的公司,进门一看,山森等人已坐在了各自的位置上。据说昨晚会议后,这几人又出去喝到了天明,最后只在办公室的沙发上小睡了片刻。

“喂,我跟你说,后来小野寺先生和片冈先生去了社长那里。”

高桥兴冲冲地走进办公室冲雨宫说道。

“小野寺先生他们昨天会后又去喝酒了,继续讨论这事。最终的结论是‘不放弃’。”

雨宫立刻转身冲向社长办公室。

社长室内,小野寺、片冈、木下、种野等人开门见山地阐明了众人的看法。

“现在来跟我说继续,是大家一致的意见吗?”

“是的。”

小野寺点点头。

“会议后大家又讨论了一下，觉得要是从头再来的话这事儿更不容易。”

“从法律上来说我们没有错。只要有耐心，拿出诚意来跟居民交涉，总能获得谅解的。”

木下附和道。

“这活儿不简单哪。你们想清楚了么？”

“我们有心理准备了。”

“嗯……”

森山僵着脸，抱起胳膊，不吭一声。

大家的目光都集中在森山身上。

终于，森山垂下两手，轻轻地抬了抬下颚，说道：

“既然你们都有如此的觉悟了，那就干吧。”

“真的？！”

片冈一下子忍不住，兴奋地叫了出来。

森山再次确认后，紧张的气氛为之一松，众人的脸上都露出了笑容。

悄悄关注着这场交涉的雨宫也不由得长出了一口气。

“对困难有充分的觉悟”，如果没有夸下这个海口就好了，小野寺和野村等人不由得暗自后悔。在多摩市市政府的会议室内召开的第二电电工程说明会上，居民们表现出了极为强硬的态度。

居民代表抓着麦克风大声说道：

“按你们的说法，将要修建的网络中心占地面积达八千平方米。虽然仅有三层，但在它顶上还要建一座收送微波信号、高约八十米的信号塔，是吧？这么一座庞然大物会破坏周边的景致，还会对我们的电视和收音机信号接收构成妨碍！”

“还有”，

另一位居民立刻补充，

“建设中，来来往往的卡车肯定会发出噪音。建成之后，新建筑物会反射经过尾根干线的汽车的声音，会比之前吵得多。”

小野寺拿着麦克上前解释道：

“我们会慎重地考虑诸位的意见。如果出现信号受阻的情况，我们会采取设置公用天线等措施来避免这个问题。同时，第二电电也会尽可能地考虑整体环境的协调，尽最大努力在不破坏周边环境的情况下进行施工建设。”

“尽最大努力是多大的努力啊？”

不知道下边谁呛了一句。

“这个……”

“日照怎么办？对我们来说这才是大问题。”

另有人叫道。

“关于日照的问题，我们特别做过实验。只有在冬季傍晚建筑物才会对日照构成影响，而且不到一个小时。”

“乱说！我才不相信。”

“把日照实验的数据拿出来！”

台下一片愤怒的谴责声。

“总之为了推动电信自由化，提高电话服务质量，我们公司将按预定计划施工，请各位多多体谅。”

小野寺和野村等人躬身致歉，场内一片喧闹。

11 月 15 日，是东京网络中心的开工仪式。同说明会时相比，居民们的抗议声势更进了一步。

“停止施工！”

“滚出去！”

抗议声沸反盈天，盖过了神官为工程安全吟唱的祝词。

除了破坏景致、有碍视听外，当地居民间对微波会否给健康带来影响的担忧也在悄悄萌芽。虽然第二电电对微波的无害性做了说明，但面对看不见摸不着的东西，居民心中的不安难以消除。最终，东京网络中心只得在一片抗议声中破土动工。

“停止！停止！”

“够了！你们差不多了吧！”

叫骂声此起彼伏。

“请到这来。”

在神官的示意下，森山走上前。

就在森山正要将串着白纸的玉串奉到神前时，一样东西飞进了稻绳圈起的道场内，“嘭”的一声砸在了森山的背上，留下了大片黑色的污迹。

是泥块。

有人抓起施工现场的泥块扔了过来。

“真是一场灾难。”

听过森山等人对施工现场的描述后，稻盛皱起眉头同情地说道。

“吓了我一大跳，我还以为被扔了什么怪东西呢。”

森山苦笑不已。

“是有点过分了。”

“大多数的居民还是比较讲理的，愿意通过谈判来解决问题。但还有一部分人就比较激进了。”

“该怎么办呢?”

对野村叹息般的自问，稻盛平静地说道：

“现在我们已没有退路了，拿出诚意，打动对方是唯一可行的办法。当然，如果他们一点同情心都没有，那确实没办法。但是，换个角度想想，我们做的电话调解，不就是用一通电话把自己的想法单方面地强加给对方吗?我们的方式还有很大的改进余地。总之，现在是背水一战，只能迎头而上!”

“正如会长所说的，都打起精神来。反正最可怕的情况也见识过了，再糟也不过如此。我这下真的有了充分的心理准备了。”

森山爽快地说道。

抱着空前的热情，小野寺、野村、木下和下坂等人再次开始了走访工作。

另一方面，众人又利用周六或者周末出席同当地居民的对话会议。因为居民多是在大企业或者政府部门工作的上班族，面对面的协商仅有在周末才能进行。

这份工作给人带来了空前的压力。木下甚至因为过于劳神，使得体内尿酸值上升，出现了痛风的症状。

事态没有任何进展。

特别是今年，也就是1986年的1月，居民方一度宣称不再接受任何形式交涉，并在暂停两周的工程重开之时聚集起百余人到现场抗议，要求中止建设。有的愤怒居民差点同第二电电的员工扭打起来。

不过，两个月后，在进行钢铁架构组装时，对方的态度终于出现了转变。居民一方主动提出，愿意坐回谈判桌重开协商。

之后的谈判由野村与自愿申请从京瓷调入第二电电担任总务部长的日冲昭负责。

3月转眼即过，日历已翻到了4月。时间的流逝慢慢抚平了众人暴躁的情绪。谈判终于有了突破性的进展。居民们不再坚持中止工程的要求，关注焦点转到了第二电电提出的补偿条件上。通过到户访问及周末集会的沟通，第二电电逐步取得了居民的谅解。

日冲和野村则不厌其烦地出席每一次的周末集会，同居民代表协商公司的各种补偿条件。前一次会上对方提出的意见将在下一次集会提交的修改案中反映出来。

1986年5月下旬——

经过数十次的周末谈话会，第二电电同居民间关于补偿条件的谈判终于进入了最后的回合。

当天，野村和日冲带着最终的补偿方案前往集会地点。

第二电电向住民提供的补偿条件具体如下：

设置公共天线作为受到信号妨碍的补救措施。在尾根干线一侧的河堤上种植樱花树以弥补对景观的破坏。另设立居民集会所，向町内会捐款，等等。

该方案是数度交涉多次修改后的结果，野村和日冲有信心能获得大多数居民的支持。

当然，也有可能出现态度强硬的反对者，现在下定论还为时过早。不过不管怎么说，一线曙光已隐约可见。

距协议签订就差最后一步。

“野村君，终点就在眼前啦。”

“是啊。”

两人愉快地交谈着，迈着比往常轻快许多的脚步向会场赶去。

8 月初，蝉鸣渐起。站在出来山顶，山森抬头望着赶工中的信号塔。工程已渐近尾声。

东-名-阪间的八座信号塔将在本月竣工。名古屋和大阪的网络中心完工在即。进度最慢的东京网络中心也进入收官阶段。

第二电电同居民间的纠纷并没有完全解决，但进入协议的具体磋商阶段后，事态一直向着好的方向发展。

照这个速度下去，在自有线路确保、用地收购完成后的两年零四个月，第二电电的微波线路就将大功告成。“最迟不超过两年半”的目标肯定能够实现。

接下去只要整体试运行中没有大问题，10 月中旬就可以向企业客户推出公司的首项业务——东京-名古屋-大阪间的专有线路服务。

据各媒体的消息，日本 Telecom 将于 9 月开通专有电话的业务。第二电电紧随其后，比 11 月开通业务的日本高速通信还早了一个月。

“对通信什么都不知道的我们就凭着一股执著、一份信念竟然走到了今天这一步。”

从未有过的充实感油然而生。在荒野里汗流浃背地奔波时的劳累，迟迟寻不到土地所有人时的绝望……一切一切的辛劳终于有了结果，努力没有白费。

山森突然想起了去年夏天召开的誓师大会。

1984 年 7 月，在京瓷东京中央研究所地下一层宽广的日式房间内，公司上下聚在一起，一边喝着烧酒品着生鱼片、油炸小食，一边畅谈每个人对电信事业的雄心和抱负。

山森等新职员也在稻盛等人的催促下，一一发表了自己的看法。

山森还记得，当时稻盛就闭着眼睛一言不发地听着，偶尔认真地点点头表示自己的赞同。种种微末的细节显示，稻盛应该是一名惯于倾听别人想法的领导者。作为日式经营代表人物的稻盛竟能如此认真地对待我们这些人的看法，这让山森深受感动。

大会结束时，森山提议道：“稻盛社长，今天我们第二电电第一期员工全在这儿了，您给我们说几句吧。”

“事业公司明年才开始呢。你们来早一年啦，应该算是第一期。”稻盛起身笑着反驳道。随即，话锋一转，这名富有魅力的领导人谈起了自己对第二电电的抱负：

“同拥有百年技术传承及雄厚资金实力的电电公社相比，我们就是赤手空拳、家徒四壁的赌徒。我的目标是‘发起日本电信事业的正当竞争，降低电话费用’。如果单论我对这个目标的执著程度、为此事业的无私之心，我自认不输给任何一个人。在历史上，面对难以突破的重大困难，最终取得成功的往往并不是知识、技术、资金兼备的有能者，而是资源贫乏但志向坚定的有志之人。大家有没有信心做有志之人呢？拿出激情来，开动脑筋，让我们去努力，去挑战，去创造！取得事业成功最重要的是我们的本心。众志能成城，大家每一个人的坚持都是我们攻克难关的秘密武器！”

事业刚刚起步时，山森每日极为忙碌。从早忙到晚的山森对自己的拼命态度颇为不解。

现在，仰望着眼前高高的信号塔，答案浮现心中。“我们不是这架机器中的一个可有可无的零件，而是作为一个富于创意、富有热情的人被寄予厚望。这殷切的期盼就是我努力拼搏的原动力啊。”

深深地吸了一口气。绿色的芬芳沁入心脾。

第三章

一跃居首的弱者

1. 转向长途电话业务，躲开商业壁垒

稻盛认真地说道：“第二电电建立的初衷是为了降低国民的电话费用，为一般消费者提供实惠的长途电话服务是我们最重要的使命。日本 Telecom 和日本高速通信抢占了专有线路业务的市场，我们要在长途电话上给他们杀个回马枪！”

1986 年 9 月——

结束一早的会议后，石川雄三离开位于大阪的淀屋桥综合大厦的第二电电大阪事务所，快步走在御堂筋大道上。9 月初的大阪酷暑炎炎，气温丝毫不弱于盛夏。不大会功夫，石川已汗透内衫。

走下地铁站的台阶，石川坐上了御堂筋线。这是要去拜访一家大型涂料公司，目的是为了推销自家的专有电话业务。1985 年 9 月，石川辞去了在一家中小纤维公司的工作进入第二电电，随后在 10 月份大阪事务所开业时进入该部门担任公司电话专有业务的营业负责人。

“哎呀，之前听到说是电话的推销我真是大吃一惊呢。电话这种事情，我们自己出面拜托电电公社帮忙引线才是常理，从来没想过还能有上门推销电话业务的。”

总务课课长端着石川递过的名片稀罕地端详着。

“而且，你说的是第二电电。我最初还以为是电电公社的

子公司呢。啊，对了，你说专有线路服务？”

“是的。我们将在一个月之后的 10 月 24 号正式开始营业。”

石川从公文包里拿出宣传手册开始解释。专有线路服务是指以企业法人为对象，向顾客提供专有通信线路的电话服务。

“采用包时定额话费制度。像贵公司这样，大阪东京间通话频繁的公司会比用普通的公众电话线路合算得多。”

“跟电电公社，不是，跟 NTT 比会便宜多少？”

“采用虚拟线路，大阪东京间包月是二十七万日元，比 NTT 大概低七万多日元，便宜了百分之二十三。如果是高速数字线路，同样区间的包月是三百三十五万，比 NTT 便宜约八十五万，节省了百分之二十四。也就是说，如果贵公司采用十线的模拟线路的话，每月可以省下七十万，一年可以减少八百四十万。”

总务课长露出感兴趣的神情接过宣传册。

离开办公大厦，石川一边松开领带，一边“呼”地长出了一口气。

感觉还行。嗯，应该是相当不错。

不过就算反应再好也不一定百分之百成为自家的客户。到最终签下合约还有好几道坎要过呢。

上午十一点，结束涂料公司的拜访回到事务所的石川看见桌上搁着一张便笺。今早刚刚见过的总务课长打来了电话，“您回来后请给我回电”。

石川拿起听筒。

“石川君，今天你讲的介绍怎么尽拣好的说呢。”

总务课长劈头就问，

“你们的电话是微波的吧？稳定性上值得商榷啊。之前冲绳还是哪里的微波电话不就发生过信号突然中断的事情吗？给使用者带来很大的麻烦呐。”

“我们的微波技术是来自 NTT 的，是有着二十年运用实践史的成熟技术。从未发生过因大雨或是浓雾导致信号中断的事故。用专门术语来说，会被暴雨阻断信号的微波是二十六吉赫（GHz）的毫米波，我们用的是五吉赫（GHz）的微波，稳定性非常好，美国的新电电 MCI 用的也是这个……”

“你说得太复杂了。你能过来给我们部长说一下吗？我看了你们的宣传册后觉得还可以就跟部长推荐了。结果部长跟我说微波会不稳定。所以你能跟他说明一下吗？最好尽快。”

“明天，明天我就过去！”

石川兴奋地答道。

第二天，石川把向课长说明的内容又为部长介绍了一遍。

一开始漫不经心随意点头的部长也渐渐感兴趣起来。不时地发出“啊，原来如此。是这样子啊。”的附和声，到后来干脆抓起笔，记起了笔记。

“嗯，你们的卖点就是便宜。通信费是企业的基础成本啊，越便宜越好！”

听完说明，部长感慨地总结道。

当晚，总务课长打来电话。

“专有电话的事我们已经报上去了。打算下周经营会上讨论。所以我今天还去找董事报备了一下，反应不错。最近你能再过来一趟给董事说明一下吗？”

“好的。”

挂上电话，石川站起身，打算向自己的顶头上司——大阪事务所所长汇报这个好消息。可转念再一想，事情尚在商议当中，还是等等再说，最后一步功败垂成的例子比比皆是。

不祥的预感应验了。

在石川为客户公司董事作报告后不久，总务课长打来了电话。听到对方远比之前客气得多的语气，石川有了不祥的预感。

“是这样，关于之前的事情鄙公司有了定案。您方便的时候，能允许我过去打扰一下吗？”

“莫非事情有什么变化吗？”

总务课长没有接话。

“方便在电话里说吗？”

“我和部长都是倾向同你们公司合作的。董事那边也比较乐观。但是，花井先生给社长打招呼了。”

总务课长所说的人是花井正八，丰田的顾问，也是日本高速通信的会长。花井利用丰田集团的潜在购买力，在各公司高层间积极活动，为日本高速通信拉来了不少客户。这次也被花井抢先了一步。

“能再想想办法，让我们直接同社长谈谈吗？”

“花井先生招呼过的事情就是板上钉钉了。丰田汽车从我们这儿进购车身涂装的涂料，是我们的大客户。只要花井先生说‘我们可以多买一点涂料嘛’，我们社长就没辙了，肯定会答应下来。”

放下听筒的石川拖着沉重的脚步向事务所所长的位子走去，

听到消息后上司失望的表情实在不难想象。

同一天，在东京的虎之门第二电电的公司内——

接到大阪事务所所长“K 公司又被日本高速通信抢先一步”的报告，营业部长楢原长荣放下听筒后不由得长叹一口气。

顾客又被对手抢走了。随着专有线路服务正式开通的日子日渐接近，三家新电电公司间展开了第一波顾客争夺战。激烈的交锋中，第二电电的败相与日剧增。从签约客户数来看，已经远远落后于日本高速通信和日本 Telecom。

造成这种情况最重要的原因就是贸易关系的壁垒。

日本 Telecom 的母公司——国铁，日本高速通信的靠山——建设省和道路公团及最大股东丰田汽车都是日本有名的零件、原材料、服务大买家。他们的供应商遍布钢铁、建设、电机、化妆品等多个领域，有不少都是其领域的知名公司。

以母公司及大股东的购买力为后盾，日本 Telecom 和日本高速通信可以毫不费力地获得一大批客户。“我们会增加订单的，请您使用我们公司的专有线路服务”，只要这一句话问题便迎刃而解。

第二电电则没有如此雄厚的贸易关系网。于是，在这场争夺中，人财物皆缺且势力不足的第二电电几乎被日本 Telecom 和日本高速通信抢走了所有的客户。

当然，楢原等人也没有束手待毙。通过招聘有工作经验的营销人员进行营业阵容的强化，从数千名应聘者中吸纳了十多名新生力量。同时，考虑到通信知识及法律常识等在营销工作中的重要作用，包括楢原在内所有的营销人员一头扎进相关知识的学习当中，假日无休。

必须要发掘国铁及丰田购买力影响不到的新客源。要在不被日本 Telecom 和日本高速通信的贸易关系所束缚的客户身上下工夫。

然而，努力并没有得到回报。对专有线路服务有需求的企业不外乎两种，一类是在东京或大阪设有分公司的企业，另一类是打算利用 NTT 或新电电线路进入增值网服务领域的第二类电气通信事业者。这两类公司大部分都是国铁或丰田的零件、原材料、服务供应商，同日本 Telecom 和日本高速通信有着千丝万缕的关系。

不过，楯原并没有气馁。助第二电电走向成功，这可是自己同原上司——索尼盛田昭夫会长的约定。

调入第二电电是盛田会长亲自向楯原提议的。楯原在研究生时的专业是矿物的物理化学特性。1969 年以工程师的身份进入索尼，不仅负责过研究开发、海外项目营销等工作，还担任过以通信技术、数字技术为支撑的新媒体项目开发。正是这份资历，让楯原进入了盛田的视野。

“稻盛君组建第二电电企划的事你知道吧。我打算让你代表索尼过去，可以吗?”

楯原毫不犹豫地答道：“固我所愿!”体内索尼培养出的冒险因子雀跃地欢呼：这个百年难得一遇的挑战经历绝对是一名企业人最宝贵的财富。

“必须要想点办法……”

虽然心中不断催促自己，但如此困局还是让楯原一筹莫展。

稻盛走进会议室，开始本期例会的准备。

这次例会的主题是专有线路服务的销售。

稻盛已向楢原和种野仔细地了解过当下的营销状况。“为了能够多拿一份订单，大家在营销上下了很大的工夫。可是，我们还是陷入了苦战，被日本 Telecom 和日本高速通信拉开了很大的差距。更糟糕的是，不管我们怎么努力，这个差距不但没有缩小而且还在日趋扩大。”即将被逼入绝境的危机意识使负责说明的楢原等人无不面露忧色。

听过汇报，稻盛就一直在考虑专有线路的销售问题。楢原汇报说已经束手无策，走投无路了。是真的没有办法了吗？如果真是如此，那么第二电电的出路在哪里？思前想后，稻盛终于得出了一个结论。

“我们开始吧。”

稻盛宣布道，

“大家都知道现在我们专有线路服务的销售陷入了困境。不过，这个现状在我看来，嗯，这么说可能有点语病，从某种程度上来说是意料之内的事。”

稻盛扫了一眼众人惊讶的表情，接着说道：

“通过中小企业的经营就可以清楚地认识到日本企业是多么拘泥于那种所谓的系列关系、交易关系。京瓷往好听里说是一家风险企业，实际上它就是一家中小企业，所以在推销多层陶瓷封装的时候，被以‘我们公司是什么系列的，都是固定买什么公司的产品’的理由拒绝已是家常便饭了。现在，我们面对的国铁和丰田拥有更为强悍的购买力，要想改变这个现状绝不是一朝一夕可以达成的。那么，我们要怎么做？我一直在考虑这个问题。我想到的解决方法就是：抓住本质，从根本上解决问题。”

“本质?”

稻盛向一脸迷惑的楢原问道：

“第二电电追求的目标是什么?”

“发起电信事业的正当竞争，降低电话费用。”

“没错！那么，要达成这个目的我们必须要做什么呢？为了改善我们的营业状况我们要解决的根本问题是什么？你认真想一下，发现答案了吧。”

稻盛环视众人，命令道：

“立刻改变现在的营销策略。到目前为止，我们一直把注意力集中在向企业客户销售专有线路服务上。从明年，也就是1987年9月起，我们要转变目标，转向个人、家庭、小商店，向他们推出我们的长途电话业务。现在，马上成立长途电话专门销售部，把战斗力集中到新部门!”

“那么，缩小专有线路业务?”

种野问。

“是的。立刻从专有线路上撤退，准备我们的‘出其不意反攻大作战’!”

“真是个绝妙的点子。”

种野赞不绝口，

“长途电话业务就不会受企业系列和贸易关系的束缚，是开放的竞争市场。专有线路服务的市场规模每年只有四百亿日元，而个人业务可以达到八千亿日元。”

“这是其中的一个考量，不过……”

稻盛认真地说道：

“不过不要忘了，我们第二电电建立的初衷是为了降低国民的电话费用，为一般消费者提供实惠的长途电话服务是我们最重要的使命。日本 Telecom 和日本高速通信抢占了专有线路业务的市场，肯定高高兴兴地埋头到自己的一亩三分地上去了。等我们调整好阵容，在长途电话上给他们杀个回马枪！”

“就用长途电话业务来报专有线路被夺之仇！”

种野兴奋地说道。楢原随即表态道：

“我马上开始着手这件事。距长途电话业务正式开始还有一年。有这段时间的准备，我们肯定能把日本 Telecom 和日本高速通信给甩开。”

“非常好！就是这股气势！销售不仅仅是楢原一个部门的事，我希望大家能够群策群力，每个人都来动脑筋、想法子，把销售工作做好做精。比如，打造代理网络端点的时候，哪个代理网最贴近来自中小企业、个人商店的客户群？哪个代理商最受一般消费者的青睐？这都值得我们好好推敲。”

离开会议室，森山佩服地对稻盛说道：

“果然厉害，甘拜下风。我这头脑啊，就是转不开轴，作决断的时候只能来来回回地原地打转，没有突破。今天真是听君一席话胜读十年书。”

“不敢当，不敢当。”

稻盛带着几分羞窘连声谦虚道，

“因为我就是做中小企业起家的。在重视企业间系列、等级的日本商战里吃了不少的苦头。能够走到现在这一步，我想，靠的就是‘为大义而战’的初衷在关键时刻给我的启示吧。”

说着，稻盛忽然仔细地打量了森山一番，问道：

“身体还好吧。脸色怎么这么差呢？”

“啊，没事，就是昨晚喝多了。不能说很爽利，但没啥大毛病。”

“喝酒我也喜欢，但嗜酒可就是大忌了。”

闻言，森山不由得苦笑道：

“公务员的时候也有应酬。不过现在这样还是第一次，每天不同人出去喝几杯谈一谈就放不下心，晚上睡都睡不着。稻盛社长的工作也不轻松呐。为了会议、商谈和各种约谈，每周都要来东京一两次。我们都得好好保重身体才行。”

在决定将营业重点转至长途电话业务的一个月后，楢原来到了一家位于山手线车站附近的电话安装公司。

寒暄过后楢原直接切入主题。

“您能做我们的代理店吗？”

“你是说让我做第二电电的代理店？”

店主愣愣地看着楢原。

楢原点点头，递过一张纸，是介绍明年——1987 年 9 月开始推出的长途电话业务的宣传单。

“里面写得很清楚了。我们打算提供低于 NTT 两到三成的长途电话业务。当然，实际的话费标准还要通过邮政省的批准，目前只能报给您一个预算。”

“等等，等等，呃，咱先不急着说。这事儿太、太……一个营业部长竟然亲自到我店里来，光这就够吓人一跳了，还问我要不要做你们的代理店，不是开玩笑吧？我都不敢相信。呃，不过，话说回来，我们是做电话安装的，从来没有做过巡回销售呢。”

“不需要那么麻烦。贵公司不是为车站周边这一带的商店、公司提供电话安装的服务吗？比如说增设电话机、安装开通内线的多功能电话系统等等，贵公司肯定接到过不少类似这样的问询吧。您只要趁这个时候向商户、公司的接洽人顺口介绍一下我们第二电电的长途电话业务就行。”

店主点了点头，目光落到传单上。

电话安装公司是在中小企业及个人商户打算开通电话时，上门为其安装固定电话机及电话交换器的安装公司。作为客户同 NTT 之间的中介，有时也会为客户代办开通电话的手续。对个人商户及中小企业来说，能够为他们提供电话相关的定制及建议的电话安装公司是便利而可靠的存在。在电话领域，电话安装业者对中小企业和个人商户具有极大的影响力。

楢原等人正是看中了这一点才向全国电话安装业者协会寻求协助，拿到了协会推荐的电话安装业者的名单。随后，销售部的人开始挨家挨户地上门拜访，向对方发出担任第二电电长途业务代理商的邀请。像今天这样，由楢原亲自出马拜访的例子绝不在少数。

颇有兴趣地读完宣传单，店主抬头道：

“消费者不用再换一个第二电电的电话机吗？”

“是的。收到申请后由我们来同 NTT 协调，在 NTT 的交换机里装上第二电电的系统，这样客户就能用我们的线路了。这一步完成之后，客户只要先拨一个我们公司的连接识到号码 0077，然后同之前一样拨号就可以了。当然，同 NTT 的所有手续都由我们来办的。”

“这样啊。这样的话可以哦。客人本来对我们安装业者就比较信赖，如果我们再加一些服务介绍，想必客人会对我们更感兴趣的。”

“非常感谢。那我来解释一下具体的收费体系以及付给贵公司的手续费。”

楢原边说边从包里拿出相关资料。

东京的虎之门总部的营业部办公室内一片忙碌。预约拜访的电话此起彼伏，外出洽谈或者洽谈归来的人频繁地进进出出。

“趁着日本 Telecom 和日本高速通信忙于专有线路的时候，在长途通话业务上跟他们拉开差距。”

这个盼头点燃了销售负责人们的斗志，因专有线路失利而憋了一肚子委屈的人们化不甘为动力，摩拳擦掌气势分外惊人。

楢原回到办公室，屁股刚挨到椅子就有部下大声汇报道：

“楢原先生，蒲田的 OA 器材贩卖店 OK 了。”

“答应了？”

“是，对方非常感兴趣。”

“太好了，辛苦了。”

楢原脸上露出一丝笑意。

在挑选代理商时，除了电话安装业者之外，楢原等人也把销售电脑等器材的 OA 器材销售商列入合作范围。同样，销售人员也是一户一户地同 OA 器材销售商接洽代理业务。

最近，一个宣传第二电电长途通话业务的新计划又将启动。这一次，第二电电将同百货商店、超市进行合作，在商场内设立可当场受理长途电话业务申请的服务柜台，同时设立 PR 点，进一步突出宣传第二电电优惠的话费。三越已经表示了对该方案的兴趣，双方正在商讨在日本桥总店的礼品中心设立服务柜台的具体细节。

一般来说，电信公司会把长途电话这种覆盖域广的业务代理交给某个在全国范围内拥有销售网点的公司。日本 Telecom 和日本高速通信应该会采用这种做法。

但是，稻盛会长却给出了不一样的指令。

“不要跟那些有产者学，赤手空拳从头来才有意思。不自己动脑动手，那可不成。”

对此命令一知半解的众人只有听令而行。

现在，楢原终于明白了稻盛的用意。交给别人来做，就不会构建出如此周密的销售网；依赖别人，就拿不出这份利用商场促销的精彩策划。

距长途电话业务开通还有不到一年的时间。

如果将专有线路业务的争夺视为前哨战的话，那么长途业务的交锋就是此役决定胜负的一战。大战之日逐渐逼近，第二电电的布置也在有条不紊地进行着。

2. 适配器的自主研发

难题一个接着一个，近义起忙得焦头烂额。但是，非常奇妙的是，他发现自己完全没有“真讨厌，不想干了”的排斥情绪。相反，一种一步步接近目标的兴奋之情时常涌现于心。

在第二电电率先开始长途电话营业体系的铺设工作时，稻盛的目光已投向下一个挑战目标。

这就是适配器的开发。拨打长途时，消费者每次都要先输入一遍新电电的识别号码，才能接连上比 NTT 便宜得多的第二电电的线路。为了免掉这一程序，稻盛打算开发具有自动连接功能的适配器。

事情要追溯到去年，也就是 1985 年的 12 月份。

邮政省召集三家新电电，举行分配识别号码的现场抽签仪式。

为三家公司准备好的三个识别码分别为 0077、0088、0070。

对出席抽签仪式的金田和片冈，稻盛极其不近人情地撂下了一句话："不管怎样，就要 0077。" 0077 不仅容易记，幸运双七也代表好兆头。

两人非常漂亮地完成了任务，0077 顺利到手。

第二电电的干部一片骚动，在抽签现场就兴奋地嚷开了的片冈等人还被邮政省的官员呵斥了一通，要求他们"保持肃静"。

与众人一起分享这个好消息的同时，稻盛心中也在暗自发愁。

0077 确实好记。但是，消费者愿意每次都拨一个 0077 吗？尤其是最为忙碌的上班族，恐怕他们不愿找这个麻烦吧。

但不加拨 0077 的话，第二电电的长途通话量就不会上升。加拨 0077 是辨别第二电电长途通话系统的唯一方法。

想到这，稻盛立刻同留在美国的工作人员取得了联系。购入数字交换设备后，第二电电的一名年轻员工为了处理一些遗留手续，还留在美国通信器材供应商 DIGITAL SWITCH 的总部，稻盛要求他去调查美国电话市场的状况。

“我听说在美国要利用 MCI 或斯普林特等新电电公司的电话线路，要拨好几位数的识别码。对这一程序消费者的反应是什么？你去查查这方面的情况。”

对美国电话市场的调查结果显示，在美国普遍使用一种名为自动拨号器的适配器，也称多功能控制盒或优势盒。这种适配器能自动找出并接入价格最优惠的线路。当然，美国也存在着没有适配器，需要拨打十几位识别码的新电电公司，这些公司无一例外都面临着无人利用的惨淡状况。

所以，要想吸引顾客使用第二电电的长途业务，能自动拨打识别码的适配器必不可少。

长途电话业务是第二电电的主战场，适配器的重要性不言而喻。

1986 年深秋。山科京瓷总部。工作中的稻盛接到秘书的汇报：“有一个自称孙正义的人打来电话。您看？”

“不认识，他是？”

“是日本软银，一家电脑及游戏软件公司的创始人。他打电话来是为了……”

秘书念出便笺上的内容。

“他说：‘我们开发出了一种适配器，安装在电话上，无需人工拨打识别码就能够自动连接到比 NTT 便宜得多的第二电电的线路上。贵公司有兴趣吗？’我完全不懂他的意思，但他说稻盛会长肯定明白，让我务必转达。”

“他说的是‘开发出来了’，对吧？”

“是的。”

“接他的电话。”

稻盛用不容拒绝的语气对电话另一头的孙正义发出邀请：

“在近日内，希望能同您当面谈谈。”

12 月 24 日，日本 SoftBank 社长孙正义，这名年仅二十九岁的年轻创业者同担任适配器开发的夏普工程师及商业伙伴——新日本工贩社长大久保秀夫一起来到山科京瓷本部。新日本工贩是以销售电话机及办公器材为主的新兴企业。

第二电电的出席者以稻盛为首，包括种野、安达及数位京瓷的干部。

会谈内容主要有两个：一是适配器的现场演示；二是适配器购买的预交涉。

上午，先由孙正义对适配器进行讲解和演示。这个时候，会场内还称得上是一片和气。

进入购买条件的交涉阶段，场内的气氛就为之一变。

稻盛以买断这项技术为前提开出了一笔超过 SoftBank 年销售额的巨资。其中也有给赤手空拳成功开发出适配器的年轻创业者一点鼓励的意思。

可是，对方却表示“这项技术不会仅卖给第二电电，也打算出售给日本 Telecom 和日本高速通信”，并要求采用按量支付使用费的方式。

“你们同日本 Telecom 和日本高速通信商议过这事吗?”

种野问道。

“不，还没有开始。贵公司是第一个。”

“该不会是拿我们来试水的吧。”

稻盛不由得在心中嘀咕起来。

第二电电虽是三家新电电中规模最小的，但却是下决断最快的一家公司。先同第二电电接触，若能达成协议，那么同日本 Telecom 和日本高速通信的合作也指日可期了。

按孙正义提出的付费方式，该技术的价值计算就没那么简单了。只要利用到该项技术，第二电电就得每年向 SoftBank 公司支付一笔使用费。

这确实像是一名充满野心的优秀的年轻创业者的想法。其利用第二电电的企图昭然若揭。

时间已过 19 点，距开始交涉已有半日了。双方的观点依然形同两条毫不相交的平行线，看不出有达成协议的丝毫可能性。

“孙君，时间也很迟了。我想差不多也该有个最终结论了。”

稻盛看着眼前的年轻人，斩钉截铁地说道，

“如果不能买断这项技术，我们不会签合约。最后一次机会，请您好好考虑再回复。”

“请稍等。”

孙正义犹豫片刻，看向大久保，两人小声地商量起来。

不久两人抬起头来，以一副壮士断臂般的语气说道：

“好的，我们签了。”

看着低头拜托的孙正义，稻盛点了点头。

“种野君，你再留一会儿。同孙先生把协议书起草出来吧。”

“是。”

与种野的回答声一同响起的是不知由谁发出的从紧张中缓过来的一声叹息。

翌日吃早餐的时候，门铃突然响起。

“有谁来了吧？”

走向玄关的妻子一副惊讶的神情回到饭桌边，对稻盛说道：

“是来找你的客人。叫孙正义的……”

“啊？什么……”

稻盛放下筷子。

突如其来的客人正是孙正义和大久保二人。

坐在沙发上的二人神色微妙，仿佛刚刚做了什么重大的决定。

孙正义首先开口道：

“我们考虑了一整晚，除第二电电之外，我们还打算同别的公司签约。”

“昨天会后你们不是已经同种野君拟出协议了吗？你是说一晚之后就想将其作废，是吗？”

“非常抱歉。”

孙正义低下头来。

“我已经做了最大限度的让步了，你们依然打算跟别家签约。算盘打得太好了吧？”

稻盛站起身，

“不用再谈了。想卖给别家你们就去卖吧。对你们努力探索和创新发明的精神我表示敬佩，但我们之间的交易就一笔勾销吧。”

送走客人，一个人坐在客厅的稻盛终于下定了决心：

我们自己来开发适配器！

距长途业务正式开始还有九个月的时间。拼尽全力还是有希望的。

来到山科京瓷总部，稻盛立刻连线东京，把自己开发适配器的打算向森山和盘托出，并下达了迅速召集相关人才的命令。

数月未见的日本上空密布着沉沉的雨云。

离开成田机场的到达大厅，近义起竖起大衣衣领，团起身子向京城航空大巴的车站赶去。

此时已是1986年年末。腊月的国际机场装饰得比平日更为华丽。但近义起一想到接下来的工作，心里怎么也轻松不起来。

这几个月近义起一直驻在美国得克萨斯州DIGITAL SWITCH公司的总部，负责DIGITAL SWITCH公司的数字交换器与第二电电系统的同步协调等后续工作。

而后突然接到了回国的调派。

打来越洋长途的上司深田三四郎是这么解释的：

“我们瞄准了长途电话业务。现在公司正进行能自动寻找并接入最惠线路适配器的开发工作。你是负责人之一。”

于是，近义起匆匆地把工作交接给后任者，搭上了飞往成田机场的航班。

翌日，深田亲自为近义起解释第二电电的适配器开发计划。

深田提出的要求比想象的要困难得多。

首先，开发交付期是明年 9 月。无论如何必须在长途电话业务开始前完成。

其次，该适配器必须具备一项目前从未开发出的功能，即可在线修改话费数据的功能。

“自动寻找并接入最惠线路自然是必须有的，但为什么要有话费修改的功能呢？你想，电话公司的话费怎么可能永远不变呢？今后四家公司互相竞争，我们、日本 Telecom、日本高速通信，还有 NTT 都会一个劲地下调话费。话费系统肯定变化得极为频繁。”

提出这些可能的情况后深田接着说道，

“美国的多功能控制盒、自动拨号器遇到费用系统变更只能通过手动作业来更改。负责人必须亲自到消费者家中更换数据。要不就是在机内插入写有话费系统的数据卡，变更时把新的数据卡寄到各家各户，让消费者自行更换。这种耗时耗力的方法迟早会被日本复杂频变的话费体系所淘汰。所以我们要设计这样一项新功能。用电话线路就可以把费用更改的数据输送至适配器上，适配器再自动将旧数据更换成新的消费标准。”

“您不是开玩笑吧？”

近义起目不转睛地看着深田。深田原是电电公社负责数据通信的专家。他应该是根据自己多年的经验提出这些要求的，但想法也未免太超前了，让人一时不知从何处下手。

"当然是认真的。你听好，适配器开发要有两种。一种公司专用的，可接多条线。还有一种面向一般家庭的，只接一条线。基本框架我来负责，你顺着框架往下走就行。"

于是，适配器的研发工作正式开始。六名负责人节假无休，每天都加班至深夜。即便如此，研发工作依然处在摸索阶段，远远落后于预定的时间表。

以深田的构想为基础的框架设计终于在 1987 年 1 月完成。根据这份设计书，第二电电把面向公司多线接控的适配器委托给了日通工公司，把面向一般家庭一线接控的适配器交给了京瓷。在 1979 年，京瓷应 CYBERNET 工业的要求将其收入伞下。后者是一家生产民用波段无线收发机等通讯器材的公司。收购 CYBERNET 工业后的京瓷也拥有了一批通晓通信设备的技术人员。

随后的开发工作并非一路坦途。三家新电电与 NTT 的电话费用体系比预想的更为复杂，将收费表改编为程序极其不易。

另外，NTT 在电话线路中装置了数种不同型号的交换器以区别不同的通信顺序。这也给编程开发带来了极大的不便。

还有，目前仍然广泛使用的老式模拟交换器也给研发工作带来了阻碍。在 0077 之外还必须加拨十二位的识别码才能被这种交换器所识别。这意味着必须在近期内为适配器加上能够兼容各种交换器的附加功能。

难题一个接着一个，近义起忙得焦头烂额。但是，非常奇妙的是，他发现自己完全没有"真讨厌，不想干了"的排斥情绪。相反，一种一步步接近目标的兴奋之情时常涌现于心。

手下的那帮小伙子们也是这样的吧。不，不仅仅是适配器开发组，全公司的员工都像一群未经世故、正准备文化节的高中生一般暗暗躁动着，公司上下充溢着一股激动而兴奋的情绪。

所有人都在加班加点地工作。营销部的人在洽谈归来后还会跑到繁华商业街上发面巾纸等，一个个都在挖空心思地宣传第二电电的长途业务。

为什么公司上下能够如此地团结一心，抱成一团呢？

因为大家有一个共同的目标。

“发起电信业的正当竞争，降低日本话费。”

近义起忘不了自己亲耳聆听稻盛社长说出这个目标时，心中那澎湃的激情。当时自己就暗自下定决心“一定要达成此愿！”

“昨天也熬夜了？”

是深田。他脸上露出愉快的表情。

“做出来了！”

深田咧嘴笑道。

“什么做出来了？”

“当然是程序啦。日通工的负责人打电话说程序做出来啦，在适配器上能运行得起来。样品马上就能出来，已经可以说是大功告成啦。”

“唰”地站起身来的近义起正想高呼“万岁”的时候，一阵无力之感袭来，早已耗尽力气的身体又软绵绵地滑坐了下来。

3. 长途业务申请数一跃居首

第二电电已获得的申请数为：四十五万！

与此相比，日本Telecom的申请数仅为二十七万，日本高速通信为十五万。第二电电一举突破困境，以压倒性的优势荣登榜首。

在进行长途电话业务推销和适配器开发的同时，第二电电还得解决一个难题。

那就是第二电电的电话网接上NTT的本地通信网时产生的使用费的问题。

第二电电、日本Telecom、日本高速通信这三家新电电公司构建的自有网络是联结东京-名古屋-大阪的长途线路。只有把长途线路连接到NTT的本地线路上，一般消费者和企业才能使用新电电的长途业务。

因此，三家新电电向NTT提出了连接本地线路的申请，希望能够达成同NTT的合作。新电电要求接续NTT的网络时，NTT必须接受此申请，这是1985年4月实行的电气通信法所规定的。

最初，NTT承诺"如果新电电的话费是处在比本公司话费便宜二到三成这么一个合适的价位上的话，我们将不收取附加费用。"

可是，去年，也就是1986年年末，NTT突然推翻之前的承诺，以“因导入消费税的具体时间未定，我公司将推迟话费下调。按现行话费额我们将不得不收取附加费用”这么一个蹩脚的借口，提出支付本地电话网使用费的要求。

虽然已转型为民营企业，但 NTT 对本地电话线路的垄断依然没有被打破。因此，NTT 这种否定电气通信事业法精神的行为完全可以视为垄断企业对市场支配力的滥用。

而且，NTT 要求加收的不仅仅是电话线路的使用费。

要想让第二电电等新电电公司的长途线路能够顺利接入本地线路，就得给 NTT 的交换机装上新的程序。NTT 表示，这个费用应该由新电电来承担。

要求不仅于此。第二电电还必须通过 NTT 确认到底谁使用了本公司的线路，即需 NTT 传输消费者使用资格的认证信息。新电电通过这些信息来向消费者收取相关费用。于是，NTT 漫天要价，开出了一条线路一月最高三百日元、一次通话十余日元的信息收费标准。

“以上就是使用费等具体收费要求。我们是从今年、也就是 1987 年开始收费问题的协商的。也曾同日本 Telecom、日本高速通信的负责人数度拜访 NTT。但是，对方咬住这些条件，一步不退，态度非常强硬。情况不妙啊。”

片冈结束了发言。

稻盛点点头，说道：

“继续和他们磨。一定得把他们给磨过来。”

撤销附加费，将工程作业费和认证信息传输费降低到一个合理的价位，这对第二电电来说，是极为重要的。

接受 NTT 的收费要求，就意味着新电电不得不设定一个高于 NTT 的话费标准。如果不顾实际情况硬是出台一个低额话费的话，公司就会入不敷出、无以为继了。但这么一来，降低国民电话费的目标就将遥遥无期了。

“明白。我会接着同 NTT 谈的。”

片冈点头应下。

数日后，片冈同木下再次前往 NTT 进行交涉。

NTT 姿态一如既往的强硬，丝毫没有改变主意的迹象。

“不理解收费理由？行，那我告诉你们。我们要求征收费用并不仅仅是因为不确定话费更改的时间。”

NTT 的负责人盯着片冈和木下，加重语气道：

“我们电电公社，NTT 一向是用长途电话的收益来弥补地方上本地电话的亏空的。所以，你们新电电也应该负担起相应的亏空的费用。”

片冈和木下面面相觑。

“我还是不清楚”，片冈说道，

“为什么我们要替你们负担亏空呢？”

“哎呀，就是说……”

NTT 的负责人不耐烦地解释道，

“东-名-阪间的长途业务收益最高。你们就倒腾这一块儿，不就是存着挑肥拣瘦的心思，打着往获益最高地区下嘴的算盘吗？你们是可以，我们就没这么轻松了，我们还得担负起在全国范围内普及通信的责任。不过，既然现在好吃的你们也吃了，那么责任就不能都推给我们，你们也得承担一部分。”

“地方上本地通话的赤字不能全部归结到普及供给的责

任上！”

木下立刻反驳，“那是你们自己的经营问题。”

“哎，你这么说过分了啊。”NTT 的 NTT 的负责人气得瞪起眼睛道，

“总之就是要收费。一定要收费！”

负责人说着毫不客气地站起身来，示意今天的谈话到此为止。

没有取得任何进展的两人步履沉重地向位于半藏门的第二电电总部走去。

“该怎么向稻盛会长、森山先生汇报呢？”

片冈垂头丧气地问道。

“有啥说啥吧。”

“他们肯定很失望吧。”

“不要管别人怎么说，总之不要放弃，继续交涉就对了。你忘了‘等到前方无路时，才是拓荒工作的真正起点。’”

“嗯。”

话虽如此，两人却不由得同时吐出一声长长的叹息。

胸中压着一块大石，拖着沉重的步子回到公司的片冈在自己桌面上看到一张便笺，上面写着：稻盛会长来过电话，回来后请立刻回电。

片冈咽了咽口水，开始按下按键。什么事儿呢？该不会又是什么坏消息吧？

电话另一端的稻盛似乎极为兴奋。

“片冈君，你看报纸了吗？真藤老伯又帮了我们一个大

忙呐。”

“啊？呃，您指的是什么事啊？”

情绪低落的片冈根本没有精神把所有的报纸一一过目。

“啊呀呀，报纸还是要看的。可别错过了真藤老伯给我们的声援哟。”

稻盛随即挂上了电话。

片冈赶紧从包里抽出今早到手的报纸，一页页地翻看过去。

终于，一则名为《真藤社长声明“在新电电话费适当的情况下，NTT 将免除附加收费”》的报道跃入了眼帘。

新闻的具体内容如下：

NTT 的真藤社长在 5 月 13 日的记者招待会上明确表示：“如果新电电的电话费价格适中，即保持在低于 NTT 两成左右的价位上的话，我们将不另外征收附加费用。”

记者会上，真藤会长做了如下解释：“如果新电电设定的价格不符常理，比如说话费一下子降下去四五成，我们将考虑征收额外费用。但若新电电设定的长途话费用同专有线路的一样，仅比我公司低两成左右，我认为不会对消费者造成什么不良影响，本公司将免除附加费用。”

对于 NTT 之前提出的“因为需要用长途业务的收益来弥补本地通话的亏空，所以新电电公司必须共同负担亏空”的主张，真藤明确地表示“重订话费体系才是解决该问题的关键”。

读到这，片冈已按捺不住兴奋的心情，“呼”的一声站了起来。

“太棒了！这下话费能降下来了！”

解决附加费用的问题后，稻盛等人终于进入了长途电话业务收费标准的最终定案阶段。

费用体系是事业能否成功的决定性因素之一。社长森山，中山、金田、千本、种野、楢原、片冈、小野寺、木下等第二电电的主要干部都出席了这次会议。

首先由种野对长途电话业务的收费标准进行说明。

“NTT 对超过三百四十公里以上的最远距离的长途电话收费为三分钟四百日元。我们的标准是三分钟三百日元。也就是说，从东京到大阪间的长途话费我们要比 NTT 便宜百分之二十五。另外，我们还设定了几个特惠区间……”

种野翻过一页，继续说道，

“比如说，名古屋与神户区间。在这个区间，NTT 是三分钟二百六十，我们是三分钟一百三十九，比 NTT 便宜了近一半。当然，不会是亏本招客，收益上还是有保证的。”

“平均收费比 NTT 便宜多少？”

稻盛问。

“预计全线路平均比 NTT 低百分之二十。”

“东京大阪间低百分之二十五，总体低百分之二十……嗯，很稳妥的做法嘛。”

稻盛的肯定让以种野为首的一众出席人员不约而同地松了一口气。

“能够达成这个收费标准，真藤会长的‘不加收附加费用’的保证帮了大忙。另外，木下君及片冈君也功不可没。在他们的不懈努力下，我们的工程作业费及认证号码信息传送费得以大幅削减。特别是认证信息传送费。NTT 最初的要价是包月三百日元、或一通电话十日元。而现在则改为一通电话收费两日元五十钱……”

“会长，其实‘东京大阪间低百分之二十五，总体低百分之二十’这一方案是一年前您提出的收费标准。您还有印象吗？”

“当然。”

“当时您是怎么下得这个判断呢？有什么数据依据吗？”

种野问道。

“没有，没有确实的数据。就算有相关数据，也做不了这个判断。通信产业本来就是一个装置产业，制造业用的基于成本的测算方式在这里可用不上。所以，我没考虑得这么复杂。就想‘NTT三分钟的收费是多少，消费者希望最低的收费大概是这么个标准吧’，就这样得出结论的。话说回来，种野君，我之前说‘东京大阪间三分钟一百日元’的时候，你还脸红脖子粗地大吼说‘这根本没办法保持收支平衡’呢。”

“呃……嗨，我那是瞎操心！”

众人不由得笑出声来。

“记得就是那个时候，会长说‘合适的价格决定经营的成败’的。”

“嗯，对的。说了以后你就一个人愣在那里啦。”

笑声越发响亮。

“那么日本Telecom和日本高速通信的定价是多少？”

森山插口拉回话题。

“他们在东京大阪区域间的收费都是三分钟三百日元，同我们一样。不过，为了突出公司的特点，大家各自都出台了一些优惠手段。比如按通话时间长短变更收费标准、划定不同的特惠区域等等。日本 Telecom 是把小原田至大阪设为特惠区域，三分钟二百二十日元，相当于 NTT 的一半。而日本高速通信则把甲府到神户间的话费压至 NTT 的一半，即三分钟二百二十日元。反正大家是八仙过海，各显神通。”

“最长距离价格一样就好。新电电之间就不要互扯后腿了，先集中对抗 NTT。”

稻盛决定了作战方略。木下在表示同意的同时，又不无担心地提醒道：

“会长您还记得吗？我们最初不也是打算等事业许可证、收费审核通过后，三家公司就保持一样的价格么？结果专有线路的时候就是因为价格一致，被邮政省通过公平交易委员会给警告了。所以这一次，在竞争上我们就不是很有利了。”

稻盛点了点头，目光投向远处，回忆般地感慨道：

“从第二电电企划成立到现在已经有三年了。能够走到今天这一步，同大家的热忱和努力是分不开的。来到了这里，下面就只剩决战了！前方或许有种种困难，但还请诸君放手一搏！”

听着稻盛铿锵有力的声音，一时间，众人心中感慨万千。

1987 年 9 月 3 日——长途电话服务正式开通的前一日，三家新电电公司的负责人在东京都内的饭店召开记者会。

在森山当场宣布了第二电电已获得的长途业务申请数后，人群中立刻爆发出一阵议论声，会场内的气氛一时间达到了高潮。

第二电电已获得的申请数为：四十五万！

与此相比，日本 Telecom 的申请数仅为二十七万，日本高速通信为十五万。第二电电一举突破困境，以压倒性的优势荣登榜首。

“森山社长，非常坦率地说，这个结果真是让我们大吃一惊。您认为什么是第二电电这次出奇制胜的法宝呢？”

森山露出淘气的笑容，反问道：

“第一名是第二电电您很意外，是吗？”

“呃……出现意料之外的巨大差距。”

森山表情认真起来：

“我想最大的原因应该是我们听从了稻盛会长的判断，从一年多前就开始准备长途电话业务的缘故。我们重整了营销体系，一家一家地开拓代理网点，一户一户地去争取客户订单。当时所做的每一个小小的努力和改进，现在都为我们带来了巨大的成果。稻盛会长曾说过：‘不要依赖现成的零售网。仔细想想，谁才是真正同消费者紧密联系在一起的人？’于是，我们放弃了同拥有零售网的公司的合作，转而同电话安装公司、OA 器材贩卖店以及香烟零售店签订了协议。总而言之，我们想尽了一切办法，用尽了一切的力量，全力以赴地投入到了公司的推广工作中。人一己百，我想，这就是让我们的宣传深入民间，能够有如此影响力的关键所在吧。对此，我们感到非常的自豪。”

在会场一角观看记者会的种野心中，一股骄傲之情油然而生。虽然因贸易系列的存在第二电电输掉了去年 10 月开始的专有线路之争，但大家化失败为动力，愈战愈勇，终于一举拿下了长途业务之战，一雪前耻。

在今天的记者会之后，媒体、同行、客户，所有人对我们的看法必将发生翻天覆地的变化。

因为第二电电没有像国铁、日本道路公团、丰田汽车那样强大的后盾，在资金及人才方面也是捉襟见肘，因此一直被视为日本 Telecom 和日本高速通信之下的二流公司。

那时，几乎所有人都觉得“新电电中，第二电电是最有可能经营不下去的。”

不过，这些看法只到今天为止了！

“我可不管前方有什么，咱认准了降低话费的目标，稳步前进就是。”

种野暗自鼓劲道。

4. “自燃性”人

“这个世界上有三种人。一种是像我这样能够自行燃烧的自燃性人，一种是受火种的影响后燃烧起来的可燃性人。还有一种就像石头一样，受到影响也不为所动，不会燃烧起来的不燃性人。”

9 月 3 日深夜，在记者见面会结束后，大家回到位于东京半藏门的第二电电总部举行长途电话业务的开通仪式。

出席者是以稻盛、森山为首的第二电电的干部，包括千本、楢原、日冲、种野等人，以及六十余名为了应对消费者对长途业务的申请及查询，留在公司熬夜加班的员工。

时针指向午夜零点，标示日期的数字跳到了新的一天——9月4日，长途通话业务正式开通的日子。

在众人的注目下，稻盛按下电话按键。

这是为纪念长途电话业务而拨打的首个长途电话。

电话几乎是立刻就被接起，话筒中传出早就等在京都华歌尔总部的塚本幸一总裁兴奋的声音：

“稻盛君，恭喜！”

在声音传出的一瞬间，一旁咽着口水、竖着耳朵、紧张地关注进展的员工中立刻爆发出震耳欲聋的欢呼声。有的人不禁热泪盈眶。

结束通话的稻盛转过身来，面向众人大声说道：

“从最初的事业可行性公司第二电电企划到现在，满打满算不过三年多的时间。转型为事业公司的第二电电也才两岁多一点。在这么短的时间里，我们就成功地开通了长途电话业务。我们这群别人眼中的门外汉能够走到今天这一步，与大家对我们的支持与帮助是分不开的，与诸位付出的热忱与努力是分不开的。在此，我谨代表第二电电，代表我本人，感谢所有给予我们帮助的人，感谢大家的努力，谢谢大家。”

话音未落，周围已响起一片掌声。

“万岁！”不知道谁带头喊了一声，万岁的呼声立刻在人群中扩散开来，一声声地回荡在深夜的会议室内。

站在会议室的一角，片冈同众人一样心潮起伏，激动不已。

正如稻盛会长所说，第二电电在这么短的时间内就走到这一步，不可不谓是一个巨大的成功。

“但……”

心中一抹阴云萦绕不去。

有两个问题令人挂心。在同 NTT 的交涉中，它们的严重程度超乎预料。

“怎么了？有什么事吗？”

原来是雨宫，不知何时已经走到了自己的身边。从进入公司开始就一直在手下效力的雨宫现在已成为片冈不可或缺的左膀右臂。

片冈低声说道：

“去旁边的房间说。”

“今天是个值得纪念的日子，实在不适合说这些事，所以在明天正式说明之前你先不要跟别人说。”

雨宫点了点头。

“这个问题之前就有注意到。但开始长途电话业务的时候，我们才发现它比之前想象的要严重得多。任其继续发展下去的话，会给使用我们提供的服务的消费者带来极大的麻烦。”

“什么？”

雨宫不敢置信地问道。

“我们新电电做这个长途业务，不用我说你也知道，必须把京-名-阪的基干线路同 NTT 的本地电话线路连接起来。消费者拨打电话时，必定要先经 NTT 再传输到我们的线路。在这个转换的过程中，NTT 的交换机会把含有 0077 识别码的消费者信息传送到我们这来。这是非常关键的一步。缺了这一步，我们就不知道是谁打的电话，就无法收取费用，消费者也就不能享受到我们的优惠价格了。到此为止，没问题吧？”

“嗯。”

“可是，据 NTT 那边的调查显示，现在使用的交换机中依然有相当数量的机器不具备确认并送出识别码的功能。于是，对一部分用户我们就没有办法把握收费标准。用户识别成了一个大问题、大麻烦。另外还有一个大麻烦就是新电电的线路容量不足。NTT 是这么解释：我们是根据一年前新电电提交的需求数量来准备线路的。因为你们的申请人数大大超过了预期，所以出现了现在这种情况。”

“怎么听着好像是我们的不是啊。”

“到昨天为止我们拿到了四十五万份的申请。但能实际投入使用的线路只有二十五万条，剩下二十万还在施工当中。线路容量不足，但适配器有能够自动寻找并接入最惠线路的功能，这么一来，肯定会出现拥堵连接不上的情况。”

“连接工作没能全部完成都是因为前期事务工作比较耗时吧。”

“这是一个原因。手续比我们想象的要复杂得多。但问题没那么简单。如果仅是事务工作来不及的话，我们增加人手就可以解决了。问题是 NTT，交换机和线路都同 NTT 有关呐。”

片冈表情僵硬地说道。

老式交换器及线路容量不足的问题果然给第二电电带来了巨大的负面影响。同预想的一样，出现了消费者已提交申请但却迟迟无法使用长途业务的问题。“电话通不了”、“ 线路到底什么时候开啊?”诸多抱怨纷至沓来。

“到底要等到什么时候?代理店的人告诉我说9月4号长途电话业务就开始了，那之后就能用的。你看看，现在都过了两个多月了!”

“不快点弄好我们很头痛的啊。我们公司是按你们的收费标准定的通信预算。拖得越久我们电话费就越贵，实际通信费用就越高。你知道么?”

随着时间的流逝，投诉日益增多。

楢原率领的营业部把一番町 FS 大厦六层营业部办公室内的桌子全部移开，在地板上摆开一溜儿电话机。营销员全体上阵，接听打进的投诉电话。

随着投诉日益增多，营业部应付得越发吃力起来。打不进营业部的电话转而接到了其他部门。为了投诉电话，公司上下忙得人仰马翻。

这还不是最让人头疼的问题。最让人忧心的是，在“到底要等到什么时候”的疑问得不到准确回复的情况下，消费者开始对第二电电产生了怀疑，不安的情绪日益加深。

因老式交换器和线路容量不足而导致的线路阻碍问题什么时候才能解决?只有 NTT 才能回答。对于这类投诉，第二电电毫无办法。

“非常抱歉。到底什么时候能够使用电话线路，我们也无法确定。延误的原因究竟是事务处理的延迟，还是同 NTT 的连接问题，目前还不能断定。一旦确定了问题的症结，我们会立刻联系您……”

营业部内，诸如此类的回答此起彼伏。第二电电夹在消费者和 NTT 之间，左右为难。这状况到底要持续到什么时候？楢原真想冲到 NTT 大骂一顿。再这么下去，第二电电将失去消费者的信赖。

目前，唯一值得庆幸的事就是，公司内昂扬的士气。面对没完没了的投诉，没有人推诿脱逃。只要铃声响起，立即就有人积极地伸出手去接听电话。

从名古屋搭乘地铁东山线经伏见转乘名城线，片冈最后是在最接近目的地的上前津车站下的车。走下车的片冈拢了拢大衣衣领，脚步不停地向 NTT 名古屋分社赶去。

拜访的目的是交涉交换器的更新事宜。第二电电要求 NTT 改良无法识别并传送消费者信息的老式交换器，或是将其更换为具备这一功能的新式交换器。

准时抵达的片冈向名古屋 NTT 分社的几位负责人说明了来意。这段说明已练得极为顺溜，没有丝毫停顿。NTT 总部并没有设立统一的交涉办事窗口，交涉点分散于全国各个分社。因此，片冈只有一家家地拜访位于东京、名古屋、大阪的分社，不知不觉间积累了不少经验。

“等着要做的事有很多很多。”

一听片冈的请求，负责人马上露出一脸为难的表情说道，

“不论是改进还是购买交换器，这都是要预算的……”

“不能想想办法吗？不能跟上面要求把预算提前一些吗？贵公司的真藤社长都保证支持我们的工作了，邮政省也是一样。这种情况下，预算应该能够批得下来吧。”

片冈并不是在虚张声势。

数月前，三家新电电公司的社长——森山、马渡、菊池同NTT社长真藤进行了一次社长间会谈。真藤在会谈上表示一定会支持三家新电电的工作。

如果新电电在长途电话开通后不久就出现什么不良状况的话，关于NTT压迫民间产业的批评就会更加猛烈，拆分论的声势也有可能更进一步。

虽说是出于自身考虑给出的保证，但真藤的话依然带来了巨大的影响。叫嚣着“为什么要给新电电提供帮助”的NTT的强硬态度渐渐缓和下来。

然而，就算如此，NTT的反应依然称不上迅速。

“话是如此，可是……”

话里话外，不打算提早更新交换器的态度昭然若揭。

“请您无论如何，一定帮帮忙。”

片冈深深地低下头来。面对这样的对手只有一个办法，那就是紧追不舍，坚持到底。

就在片冈与大阪NTT分部进行交涉的时候，木下也来到了东京日比谷的NTT总部。木下此行是为了交涉增加线路及交换器容量的事宜。

NTT的负责人说道：

“我向你保证，我们会从能做到的地方开始做的。”

“什么时候开始？”

木下追问道。

“这个说不准呐。等开始做了，我们肯定会联系你们的。放心，不会让你们等个一年两年。也就几个月吧。”

“真的吗?”

“这种事怎么能开玩笑呢!”

“谢谢您。”

木下低头感激地说道。

NTT 一方最初的说法是至少要两年左右。“为新电电准备的交换器都是新型号，程序也是最新版本。增加新交换器数量的话就要重写程序。这个得做一个年度计划才能开工。”

在新电电通过邮政省向其施压后，这种态度终于有所转变。

1985 年 4 月实行的电气通信事业法规定“当新电电提出连接线路的要求时，NTT 不得拒绝”。这一规定旨在促进电信事业的良性竞争。听过了三家新电电公司的诉求后，邮政省对 NTT 下达了指示，要求其尊重这一法律精神，开放线路连接。

“总之，拜托您尽快开始，拜托了。”

木下两手扶桌，深深地低下头来。

同顽固的 NTT 的交涉慢慢地朝着好的方向前进。第二电电一步步地脱离了困局。1987 年 11 月，正在山科京瓷总部工作的稻盛突然接到在东京第二电电总部的森山打来的电话。

森山在电话中兴奋地大声说道:

“稻盛君，我们的名字‘第二电电’竟然获得了今年的新词大奖。”

“啊? 你说的新语是什么?”

“那个嘛! 每年不是都有表彰一年中流行及新创的词语的活动嘛。今年的日本新语·流行语大奖中的新语部分的获奖新词就是‘第二电电’、‘女检察官’和‘色拉纪念日’。”

“呀，太棒了！”

“因为‘第二电电’这个词简单又好记啊。嘿，你说要是取名叫信吾，是不是信吾也能获奖啊。”

“哈哈哈哈，说什么梦话呢。”

“稻盛君……”

森山的语气突然严肃起来，

“非常感谢您给了我在京瓷、在第二电电工作的机会。虽然这活儿不容易，但我从中真是学到了很多，经历了很多，这次新语大奖也是。但让我印象最深刻的是，大家连着四五个月泡在公司里处理事务，积极地应对投诉电话，所有人团结一心，不放弃不气馁，为了一个共同目标一起奋斗的经历。稻盛君，我真没想到正确的动机和执著的信念竟然能够催生如此强大的能量。如果一开始我们抱着赚钱、做大公司的想法，或许就走不到今天这一步了吧。”

翌日，稻盛从成田出发飞往欧洲。

京瓷的欧洲总部位于德国的杜塞尔多夫。稻盛将在那里同京瓷欧洲的经营团队进行会谈，并视察欧洲分社、同各销售代理店进行会面，行程安排得极为紧凑。全身心投入繁忙工作中的稻盛在独自一人时，总是想起森山的话。

“稻盛君，真是谢谢你……”

一阵警铃般的响铃声把稻盛从睡梦中惊醒。放在床边的电话已响了好一会儿。

“怎么在这个时间打电话，发生什么事了吗？”

稻盛困惑地想着。然后才猛然意识到，自己现在是在杜塞尔多夫的宾馆里呢。数字时钟显示现在刚过清晨六点。这个时间，电话应该是从日本打来的吧。

稻盛伸手接起电话。

“会长，抱歉，打扰您休息了。”

是第二电电的员工。

对方慌张的声音让稻盛心里生出了不祥的预感。

“怎么了?”

对方颤抖地挤出一句话来：

“森山社长倒下了，现在处于昏迷中。某杂志社在帝国饭店开了一个什么会谈……出席的都是社长级的人物。森山社长上去演讲，站在上面才说了一句‘第二电电是这样战斗的’，人就不行了。然后就被救护车送进了虎之门医院。”

“那个时候还有意识吗?”

“嗯。听说到医院的时候意识还很清醒，一开始医生的诊查都是自己回答的。但在具体检查时就昏过去了。”

“最近他身体状况不好吗?”

“完全没有任何征兆，森山社长本人也没有觉得有哪里不适。周末还去打高尔夫，大前天出席‘日本新语·流行语大奖’的颁奖晚会时，还在上面大谈特谈那个笑话呢。”

“是么……”

稻盛立刻想起了在第二电电获今年“日本新语·流行语大奖”新语奖的时候，森山说的那个谐音笑话“我叫信吾（日语中，信吾同新语发音一致）。信吾获新语奖这不是理所当然的吗?”

“我马上回日本。有什么新情况，不管什么时候，立刻电话通知我。”

稻盛挂上了电话。

中断欧洲之行，匆匆回国的稻盛一出成田机场就直奔位于东京半藏门的第二电电总部。

看到会长，办公室内等待已久的员工们一下子聚到稻盛身边。每个人的脸上都是一副不安的神色。

“我回来了。没事了。”

随着稻盛的话音，办公室内紧张的气氛似乎一下子缓和了下来。

“现在情况怎么样?”

被问到的日冲一脸沉重地答道：

“说是脑出血。医生说‘很严重’……”

“告诉我病房，我现在就去看看。”

稻盛赶到医院，走进病房就看见站起身示意的森山的妻子。

躺在病床上的森山戴着氧气面罩，维持氧气注入的人工呼吸器的声音在安静的病房内回荡。森山的表情犹如被冻住一般，没有丝毫变化。数日前新语大奖颁奖现场上活跃的身姿仿佛已是很久远的事了。

“千万千万要给我好起来。”

稻盛一遍遍地在心中祈祷着。

愿望，最终没有达成。

12 月 9 日 12 时 5 分，等在第二电电会长室的稻盛接到了通知："森山先生刚刚过世了。"

虎之门医院的灵安室内，稻盛默默地站在森山的遗体前。

享年六十一岁——

在第二电电企划成立后三年半，在长途电话业务刚刚开始的时候，在其志向尚未完全达成的时候，带着事业未尽的深深遗憾，他离开了人世。

12 月 11 日下午，在下目黑的日本基督教行人坂教堂举行了森山的私人葬礼。12 月 22 日第二电电在青山殡仪馆为其举行了公司葬礼。

稻盛致悼词：

"虽然人们常说生者必灭，会者定离。但亲身感受到命运的无常时，我们依然茫然不知所措，在巨大的悲痛下无语失声。森山君，对您的家族，对第二电电、京瓷以及稻盛财团你一定还有很多没来得及完成的事，很多令你牵挂的事。

森山君，你给我带来了许多宝贵的回忆。在开辟第二电电事业这条崎岖的道路上，你是不可缺少的左膀右臂，是支持我前进的倚仗。今天，我不得不同你告别，我的心情极为沉痛。

在我趁着电气通信事业自由化呼声高涨、大胆地做出参与通信事业的决定的时候，支持并时时鼓励我的人，是你——森山君。当我们得到盛田君、牛尾君、饭田君的帮助成立第二电电的时候，代我同众多出资方、政府监督机构周旋，帮我挑起了我最不擅长的交涉事宜的人，是你——森山君。"

在公司葬礼前的 12 月 16 日，稻盛接下了森山的工作，正式出任第二电电社长。这意味着稻盛同时兼任京瓷会长、第二电电社长二职。亲自来到第一线主持工作的举措，一方面是为了平息员工们的不安，另一方面是希望自己能够替森山完成他未尽的战斗。

翌年——1988年1月，新年的第一次营业会议。会上，稻盛做出了一个大胆的决定。

“免去适配器的使用费。”

干部们无不大吃一惊。

在此之前，适配器是有偿服务。面向公司控制多条线路的适配器租赁费用为一月一条线路三百日元，一次性买断为一条线路一万日元。面向一般家庭的单线适配器月租为三百日元，买断为一万三千日元。这些费用将全由公司承担，这当然是一件令人为之变色的事情。

“去年9月长途电话业务开始的时候，新电电里，在申请的数目上我们是第一位。但是，我们的Traffic——通话量却并没有达到预计的数额。停滞不前的通话收入已成为困扰我们的一大难题。在木下君和片冈君的努力下，NTT开始更新交换器、增加线路容量。长途电话业务可利用的线路越来越多。但是，我们的通话量却一点儿都没有增加，这是为什么呢?”

“是适配器！适配器没有像预想的一样普及开来。”

种野恍然大悟。

“正是如此。为了避免拨打0077可能会给通话量带来的负面影响，我们开发了适配器。但适配器的收费却限制了我们通话量的增加。”

“那适配器的开发和制造成本该怎么办?”

深田问道。

“从通话收入中把成本收回来。作为装置产业的电气通信，只要有人用收益就能不断增加。做个不够尊重的比喻，就像寺庙或者神社里的募捐箱一样，等在那里钱就会丁零当啷地掉下来。”

“嗯，就是说通过增加通话量把适配器的本儿赚回来。”

木下总结道。

“我们开发的适配器能够在线重新设定费用标准，是别家从未有过的划时代的新产品。不好好利用一下那可不行。让我们把通信量提起来，一口气拿下这场胜利，告慰森山君的在天之灵！”

所有人不由得狠狠地点了点头。

1989年9月——

京都府八幡市，在因羽柴秀吉与明智光秀的山崎之战而声名鹊起的洞峠山西麓矗立着一座巨大的禅寺——圆福寺。寺内正在举行京瓷员工之墓的祭奠仪式。

稻盛同往年一样两手合十站在埋有森山一部分遗骨的墓前，心中默念道：

“老伙计，放心吧。为了达成你的遗志，大家都非常拼命呢！”

第二电电终于熬过了创业初期的艰难阶段，顺利地进入了成长轨道。

从1988年2月免费发放适配器开始，第二电电的通话量一下子就升了上去。更新的交换器及增加的线路容量也为通话量飞跃创造了有利的条件。

1988年3月结算第二电电的营业额为八十八亿日元，而到了1989年，这个数字就一跃升至四百零六亿日元。营业额一口气长了五倍，盈利达四十四亿日元，实现了首次单年度的盈利。

同年10月，山阳线微波网完工。冈山、广岛、山口、福冈、佐贺、香川六县的长途电话业务相继开通。第二电电迈出了从东-名-阪走向全国的第一步。

此前，大多数人都认为，实力远不及NTT的新电电应把重心放在通信需求量最大的东-名-阪地区，要在“最可口的地方下嘴”。实际上，日本高速通信就是这么做的。

但是，种野、片冈、小野寺等人却提出“东-名-阪打往地方，或是由地方打往东-名-阪的长途需求极大，仅仅把范围限定在东-名-阪地区未免过于狭隘。我们应该把微波网络扩张到全国。听起来似乎有点浪费，但实际上这个举措会大大增加我们的主收益源——东-名-阪地区的赢利。”于是，公司冒着巨大的风险通过了这份提案，并将其付诸实施。

这份计划也不负众望，它的实现为第二电电迅猛的成长势头又添了一把力。按此速度，1990年3月第二电电的营业额将突破九百亿日元。

同时，进军全国的计划还给第二电电带来了意料之外的正面效果。突破东-名-阪地区迈入全国领域的举措也意味着第二电电在降低日本话费的道路上又迈出了一步，这给以降低话费为奋斗目标的第二电电员工们带来了巨大的动力和激励。

日冲曾感慨道：

“高速成长使我们不得不扩充人手。而新人的大量增加则导致管理人手的严重不足，连刚进入公司不到两年的人手底下都带着五人或十人的团队。我一直很担心这种混乱的状况会不会给公司带来什么不好的影响。没想到，不到一年，所有人不但接受了‘降低话费’这个公司宗旨，更是已经把它作为自己的一个奋斗目标，朝着这个方向积极地开展工作。公司内的状况一步步地得到了改善。有的时候我真是觉得，人是非常有力量、极为伟大的生灵。”

稻盛突然想起了一个问题。

“记得好像之前有谁问过‘把我们选入第二电电项目的是稻盛会长吗’，是吧？”

山森、雨宫等人点点头。

“现在可以说了，答案就是‘没错，就是我选的。’在森山君和千本君的意见基础上由我最终决定的。”

“您当时选择的标准是什么呢？”

面对山森的疑问，稻盛理所当然地答道：

“我认为这个世界上有三种人。一种是像我这样能够自行燃烧的自燃性人，一种是受火种的影响后燃烧起来的可燃性人。还有一种人就像石头一样，受到影响也不为所动，不会烧起来的不燃性人。我不需要那种怎么动员也活跃不起来的人。听了一两个小时的动员之后，那些有所触动、愿意一同燃烧的才是我需要的人。”

“是指马上能领悟您的意思的人吗？”

有人问道。

“就算不能马上明白，听了三十分钟、一个小时以后，多少也要有点领悟才行。能不能燃烧起来，能不能有所触动是个人资质的问题。没有这种资质的人怎么都不会受到感染。只有燃烧得起来的人，对目标认同的人才能有动力有干劲地投入到长时间的艰辛的工作中去。恋爱过的人应该可以明白，就算爱情再痛苦自己也愿意去尝试。一开始就觉得这事儿太累的人估计就是不想也不会恋爱的人。”

众人露出了若有所悟的表情。

“森山就是可燃性的人。而且是近于自燃性的可燃。他能够立刻为我的话所感染。”

稻盛仰头望向天空。万里无云、湛蓝湛蓝的冬日晴空中，几只鸢鸟沿着天际线缓缓飞过。

恍惚觉得，森山似乎正带着那熟悉的腼腆的笑容在天上默默地注视着这里。

第四章

“葡萄串”和“旁系诸侯”

1. “葡萄串”计划

“葡萄……是水果的葡萄?”千本不确定地回道。

“没错，就是那个葡萄”。稻盛肯定地说道。

规定通信自由化及电电公社民营化的电气通信事业法正式面世的时候，即第二电电企划更名为第二电电的1985年春，从种种的迹象中，稻盛敏锐地预感到：一场激烈的震荡将再临日本通信业界。

这个大震荡就是：

“以车载电话为代表的移动通信市场在日本依然处于闭锁状态。想进入该市场的美国定然会想尽办法撬开这扇紧闭的大门。”

起因源自一则美国驻日大使馆的官方消息。

商务省审议官普雷斯托维茨在美国大使馆定期召开的记者会上发表了如下声明。

“今年4月1日日本开始实行电气通信事业法。但在日本的车载电话等移动通信领域，电波法依然被奉为圭臬，NTT一家独大的局面没有丝毫改变，末端设备的销售根本没有实现市场化。这种情况正是保护主义下的贸易壁垒的一个典型。在今后的日美通信贸易交涉中，我们会针对这一情况，提出要求开放末端设备交易及开放移动通信市场，允许NTT以外的通信业者参与竞争。”

美国于去年，也就是1984年1月，完成了对AT&T旗下22家本地通信公司的分割。

改革后，22家公司在通信设备采购上不再受限，他们可以从任何地方购入通信设备。于是日本生产的车载电话设备大量涌入美国市场。美国开放了自己的通信市场，他们的注意力随即集中到了依然处于NTT垄断之下的日本移动通信市场上。

无论日方有何种理由，对美国来说，公平竞争是美国资本主义必不可少的基本要素。因此，在美国政府及业界相关人士看来，日本通信市场无疑违反了公平竞争这一基础理念。

不久，稻盛的预感就得到了证实。

1985年4月26日，美国的商务次官莱昂内尔·奥鲁玛同小山森也邮政事务次官针对电气通信领域的贸易问题在日本邮政省召开了次官级会谈。对奥鲁玛次官一再提出的尽早开放车载电话市场的要求，小山次官表示：

“我们已在考虑车载电话的市场化问题，近日将向电气通信审议会咨询该问题。”

在此之前，也就是4月23日，邮政大臣佐藤文生在记者会上也发表了类似的声明。“争取能够开放一直由NTT垄断的车载电话及传呼机市场，同时也争取开放末端设备市场，让除NTT外的第一类电气通信事业者也能进入这个领域。”

到了这一步，稻盛已经完全能确定日本电信市场下一步的走向了。

继固定电话之后，下一个被提上日程的将是移动通信自由化的问题。

彻底变革日本通信业的这场划时代剧目即将拉开第二幕。

1985年5月——

在众人聚集的定期经营例会上，稻盛向众人阐明了自己对今后发展的预见，提出了进军移动电话事业的提案。

“这几个月我一直在考虑，日本电信的未来应该是什么样的？我们第二电电应该在其中扮演什么角色？最后，我得出一个结论：第二电电下一步，必须以及肯定要进军移动电话市场！”

众人大吃一惊，都不敢置信地瞪起眼睛盯着稻盛。安静的会议室内吞咽口水的声音清晰可闻。

“我有一个同NTT的作战计划。这个构想涉及了移动通信领域。我非常希望能够实现这个构想。我用比喻的手法，给它起了一个名字——‘葡萄串’计划。”

“葡萄……是水果的葡萄？”

千本不确定地问道。

“没错，就是那个葡萄。如果把我们建设中的微波线路看作主干的话，那么从全国范围来看，一个个由移动电话构建的本地通信网络难道不正像一串串吊在主干上的葡萄吗？大概就是这么个形象，你们画个图想想看，是这样的吧？”

众人不由得点点头。确实挺形象的。

“为什么我要拎出这串‘葡萄’呢？因为我们在没有本地网络的支持下根本没有办法对抗NTT。按目前的情况看，分离NTT长途电话公司和本地电话公司的改革遥遥无期，是指望不上的。但是，接至各家庭的‘最后一英里’的用户接入网的问题我们又必须解决。那么，解决方法在哪儿？我一直在考虑。

然后，我想到了，邮政省马上要开始移动通信自由化，我们用移动电话来构建本地通信网络怎么样？这样，我们就拥有了自己独立的电话网络，不管是长途电话还是本地通话我们都可以脱离 NTT 的掌控了。”

这一席话犹如一道定身符咒，让所有人动也不动地僵在了原地。会议室内一片静默。

良久，副社长中山一终于打破沉默开口道：

“现在移动通信的主体是车载电话，但会长您说的应该是真正意义上的无线通信吧。”

出身邮政省的中山曾任电气通信政策局总务课长、四国邮政监察局局长。在 1984 年 7 月进入了第二电电，现主管总务部门。

“是的。车载电话可以做起点，但绝不是终点。我们的目标应该是轻便易携、能够在户外，随时随地可以同任何人通话的可携带电话。”

稻盛顿了顿，继续说道，

“我想，大家应该都清楚。同固定电话市场相比，现在移动通信市场实在微不足道。NTT 从 1979 年开始的车载电话服务的使用者不超过六万人。今年 NTT 新推出的能够带出车外的肩包式移动电话也没能打开市场。这种新移动电话的装设费要二十万日元，线路月租要两万多，光这个费用就让很多人望而却步了。再看它的设备，电话机、无线装置、电池等设备的净重达到了三公斤。为什么这个东西推广不起来就不难理解了。但是，这种‘萎靡不振’只是移动市场‘现在’的状况。”

“您是认为今后将有所变化……”

对种野的提问，稻盛轻轻地点了点头。

“京瓷是做半导体生意的。对半导体集成的高速发展我是深有体会的。按这种日新月异的速度发展下去，数年内所有的收发信装置完全可以压缩成手掌大小。我不是移动通信方面的专家，别人跟我说移动电话，我脑海里头想起的就是这样一幕场景，美国电影里头的：男主人正在自家游泳池边做太阳浴。这个时候，一阵铃声响起，一位手托银盘的管家出现在画面中。托盘里装着的就是无绳的可移动电话。从现在的半导体的发展速度来看，这绝不是不切实际的想法。尤其是在移动通信市场马上要转型为自由化市场的现在，半导体技术被用于移动电话上的概率将会大大增加。采用了半导体技术的移动电话就会渐渐地向小型化、低价位的方向发展。当这些变化达到临界点的时候，移动通信市场就会急剧地膨胀起来。所以，眼下我们的当务之急就是抢在别的新电电之前，进入这个市场。”

“但是，会长，我们公司连专有线路业务都还没有开展起来。”

千本有几分犹豫地开口道，

“东-名-阪的网络中心和信号塔也没有完全竣工。在这个阶段就开始着手移动通信，风险会不会有点大了？您看，不要说一直亏损的 NTT 的车载电话了，就算是美国，他们在这块业务上都没有做到收支平衡。”

“我说的是可携带电话。”

“呃，我明白您的意思。移动通信确实非常具有发展前景。但是现阶段，我们公司所经营的每一项事业都还在起步阶段，根本腾不出手……”

“我同意千本君的看法，也明白会长您的打算。但是，现在第二电电基本还没有拿到什么利润，在这个阶段同时拉开固定电话和移动通信两条战线确实要冒不小的风险。”

副社长金田秀夫跟着表态道。金田同中山一样，出身于邮政省，是技术型官员，曾任通信广播卫星机构系统企划部部长、电波研究所次长等职务。1984 年 7 月进入第二电电，担任总工程师一职。

“大家都是怎么想的?”

稻盛看向众人。没有人出声。

沉默不是无声的抗议，大家只是不知道对此该如何取舍。看大家脸上困惑而迷茫的表情就不难明白这一点。

“我个人觉得进军移动通信行业是很有意思的一件事儿。”

坐在屋子一角一直静静听着众人争论的片冈志津雄突然起身说道。

四十多岁的片冈是邮政省的“下凡人士”。他是在 1984 年 8 月进入第二电电的。片冈在邮政省时负责的就是无线领域的工作，退职前是日本的中国地区电波监理局航空海上部的部长。

“随时随地同任意对象通话的可携带电话应算是电话发展的顶峰了。现在虽然说要开放移动通信市场，但是区别于固定电话，移动通信存在着一个频率分配的问题。考虑到分配限额，邮政省肯定会反复筛选进入这个领域的企业。因此我觉得我们早作打算早早地挂个号还是有必要的。”

“那么就是同意我的意见咯?”

“是的。我觉得这事可以做，也应该能做得来。”

“其余的人是怎么想的？要是没人同意，片冈，那就我们俩来干怎么样?”

半开玩笑的语气中透露出稻盛坚定的决心。稻盛已经打定主意，不管有多困难，移动电话事业势在必行。

“请给我们点时间”，千本开口道，

“我们想做一个取舍，但现在也没有能让我们参考的材料。给我们点时间让我们讨论一下。大家觉得呢?”

“我同意，还是先调查一下为好。”

种野也出声附和道。

“可以吗，会长?一周的时间我觉得应该能讨论出个结果。”

稻盛点点头，通过了千本的建议。

会后，离开房间来到走廊上，片冈突然感到背上被人拍了一下。

是种野。

“稻盛会长好像是来真的啊。就算大家都反对，就算只有你们两个人，他也打算把这事办起来，真是……话说回来，片冈君你刚才说移动通信事业可以去做，也能够做得好，有什么依据吗?”

“我以前在邮政省里不是做无线的么。那时我就感觉到移动通信的潜在需求非常大。近年，传呼机以及个人无线通信使用群的急速增长不就是存在大量潜在需求的表现吗。”

个人无线通信是指利用900MHz左右频段进行信息传递的简易无线通讯。该通信方式音质清晰且无需特定资格，自1982年12月允许使用开始，在卡车等车辆上搭载个人无线通信的使用者数量不断增加。

“而且……”

片冈继续道，

“我个人认为现在正是进军可携带电话的最佳时机。固定电话业务，谁想做都有这个可能。但是移动电话业务则不同。就像我在会上说的一样，拿不到邮政省分配的频率，就算想插手都插不进去。如果稻盛会长预测得没错，邮政省将开放移动通信事业，给NTT以外的参与者分配频率。这简直就是千载难逢的机遇。一想到这儿，我就毫不犹豫地举手赞成了。”

“唔，原来是这样。”

“种野君，你是怎么想的？刚才会上你可没有表态啊，你也不赞成吗？”

“那倒不是，实际上我也觉得很有意思。不过这事儿实在是太突然了，我一时间也不知道该怎么取舍才好。大家可能都是这样的吧。能做的事当然想做，但不了解可行性和风险就没有发言权。”

告别了种野，回位坐下后，片冈突然发现自己还漏说了一点主张进军移动通信事业的理由。

对一直在邮政省内从事无线工作的自己来说，移动通信事业应是最能发挥自己的作用，最能证明自己的存在意义的一个领域。如果公司决定进军移动通信事业，熟知该领域利弊、了解相关法规的自己必定能够有所作为。片冈是如此想的。

最初，片冈加盟第二电电是因为上司的一句提议：“京瓷搞了一个新电电的项目，你要不要去？”

当时，就职于广岛市中国电波监理局的片冈正对安逸的工作现状感到不安。

政府工作人员的工作原动力，究其根本应是“为国献身”的崇高目标。广岛市中国电波监理局作为一个地方机构，所有的工作就是忠实地执行中央的指示，不需要也不可以增添任何的创意和变更。在那里，无论多么优秀，能够让人尽情发挥的场所也就只有高尔夫球场那么大！

于是，片冈接受了上司的建议。他非常清楚：不抓住机会人生就不会有所改变。

当然，在四十多岁的而立之年更换职业确实是一个令人不安的选择。当第二电电的入职日期越发接近时，片冈渐渐感到了精神上的压力。第一次进入民营企业，到底能不能有所作为？这个大胆荒唐的对抗 NTT 的新电电计划到底会不会成功？

邮政省的某名官员曾称“新参与者根本无法再现电电公社耗费百年所构筑的电信系统”。如果第二电电真的失败了，那我岂不是要带着还在上中学和小学的两个孩子露宿街头了么……

然而，在进入第二电电的那一刻，所有的不安和压力全都消失了。稻盛提出的“降低日本话费”的目标明确清晰。员工们充满活力和朝气。每个人都积极地参与工作。就连今年春刚刚入职对公司还不甚熟悉的年轻员工都团结在稻盛提出的目标下努力工作着。

片冈不由得庆幸不已，能够在这样的领导者的带领下，进入这样一个团队中去挑战一个必将名载史册的项目，这是一件多么幸运的事情啊。

片冈暗暗下定决心：为了回报这份幸运，我也要为这个团队贡献自己的一份力量。

距稻盛最初的提案已过了一周，所有人再度聚集到第二电电的会议室内。

在这一周，众人对移动通信的市场及其技术动向进行了调研。今天的会议就是在调查的基础上，决定是否进军移动通信市场。稻盛注意到，同上次会议相比，这一次众人的神情截然不同，大家的目光中饱含着勃勃的干劲。

“先把大家各自调查的内容介绍一下吧。谁先来?”

“我先来吧。”

片冈志津雄率先举手道，

“我向大家介绍一下美国移动通信的状况。美国的移动通信领先日本两到三年左右，可以作为日本市场未来发展形势的一个参考。”

稻盛点了点头。

“我先说一下结论。在美国，以蜂窝式车载电话为首的移动通信市场，以远超出我们想象的势头一路高歌猛进。服务是从 1983 年 11 月开始的，联邦通信委员会（FCC）首先在芝加哥许可了该项服务的应用。1984 年洛杉矶、纽约等二十余个城市也相继开通了该业务。现在车载电话的使用台数达五十万台。其中可以带出车外的可携带电话占一成左右。这种电话规格比 NTT 的肩包式电话要小，想象一下步话机的大小就知道了。车载电话和 handy phone 统称为蜂窝电话。说到这儿，我顺便解释一下什么是蜂窝式电话。”

片冈举起一张草稿纸。上面用马克笔描绘出了一个轮廓。

“蜂窝通信是一项由 AT&T 的贝尔研究所主导开发的移动通信技术。其研发始于 1970 年，该系统将车载电话等移动通信的服务区划分成多个半径为五至六公里的小区，并在每个小区内设立一个无线通信点，也就是基站，通过基站在用户的移动台之间建立通信。同以往的移动通信方式相比，蜂窝移动通信的优点在于它能够容纳更多的使用者。该系统对今日的美国来说，算得上是一个爆炸性的发明，它带来了车载电话使用量的激增。”

“我听说 FCC 在每个城市只给了两个蜂窝移动系统经营许可名额?”

千本插了一句。

“嗯。一个名额给电话公司，一个名额给来自电信行业之外的参与者。这种做法吸引了不少来自广播、金融、电力等非电信行业的公司参与竞争。移动通信市场就这么成长了起来。现在……”

片冈继续介绍，

“业界普遍认为美国的移动通信市场还将持续增长。预测数据显示，移动电话在两年后也就是 1987 年将达到一百万台，在 1988 到 1989 年间将突破至一百五十万台。顺便说一句，车载电话的蜂窝移动设备市场上，摩托罗拉占了最大的份额。日本的松下电器、NEC、富士通也参与了这个市场。”

“日本移动通信市场的预测呢?”

“根据电气通信技术审议会的预测，2000 年日本移动通信市场的需求将由现在的八万台增加至四百五十万台。”

稻盛马上对片冈的介绍解释了一句：

“这个数据是以车载电话为前提的，如果是可携带电话，销量肯定不止这个数。”

“我也是这么想的。我觉得肯定会超过一千万台。”

小野寺站起来说道，

“下面由我对进军移动通信事业的设备投资额做一个推算。固定设备中最为关键的就是 cell 小区的基站即无线通信点的建设。按规模大小，价格会有一定浮动。在美国建设一处基站一般需要耗资二到三亿日元。也就是说如果计划以二三十处基站的规模开始的话，需要数十到百余亿日元的投入。这个数额当然是非常大的。不过，如果我们能把基站用地压缩到最小，把必需设备维持在最低限度的话，建设蜂窝系统将比打造以光纤、卫星为传播手段的固定电话系统还要便宜一个数位。”

会场陷入了一阵短暂的静默。终于，稻盛开口问道：

“那么，关于第二电电进军移动通信事业大家是怎么想的？让我听听你们讨论的结果。”

“我同意”，

小野寺率先表态道，

“移动通信不仅仅是指车载电话，还包括即将出现的可携带电话。考虑到这一点，我认为在这个领域开拓事业，可有大作为。”

“我也认为应该试试看。”

木下赞同道，

“会长之前提到的‘葡萄串’计划非常有意思，值得一试。”

“剩下的人呢，怎么说？”

片冈增美开口道：

“我也同意。是有一定风险。但正如会长所说的，现在可携带电话市场正处于腾飞的前夜，越早动手越好。”

“有人反对吗？”

所有人的脸上都露出了理当如此的表情。

“哈，看来我和片冈两个人干私活还行不通了呀。”

稻盛不由得开玩笑道。但马上回到了正题，神情严肃地命令道：

“既然如此，下一步我们要确定进入可携带电话市场需要解决什么问题，要彻底地调查方方面面的情况。技术上的困难、潜在的风险、邮政省的动向、末端设备的调配以及选择什么样的技术系统和营业区域等等，任何一处细节都不能放过，全都给我一一确认一遍。”

众人用力地点了点头。

2. 多种技术并存的良性竞争

稻盛环视一圈，终于开口道：“我的意见是采用TACS 系统。日本所有的移动通信都采用 HICAP 系统的做法会给该行业的成长带来不利的影响。多种技术方式并存才能够形成良性竞争，在彼此切磋中得到进步。”

决定进军可携带电话市场的第二电电在稻盛的指挥下有条不紊地开始了准备工作。第一步，就是要调查、探讨日美可携带电话的技术方式。

就在第二电电紧锣密鼓进行筹备的时候，日本移动通信市场的自由化又出现了新的进展。1985 年 6 月上旬，在日美政府间协商会议上，美国政府除了再次敦促日方开放移动通信市场外，还提出了让美国蜂窝电话技术系统进入日本。

该技术系统被称为 TACS（全入网通信系统技术），由摩托罗拉公司开发而成。现在所说的 TACS 已经不是摩托罗拉的独有技术了，它在欧美国家，已经成为了一个被广泛认可的移动通信标准。

美国政府强烈要求日方采用 TACS 是为了打破 NTT 特有的通信方式及技术系统构成的壁垒。

日本车载电话的通信系统被称为 HICAP 系统（NTT 大容量方式）。供应 NTT 的通信设备都必须满足 NTT 大容量方式所规定的各种琐碎的技术标准。美国政府指出，这一技术方式对欧美通信设备出口日本构成了贸易壁垒。

接着在 8 月下旬召开的日美次长级协议——通称 MOSS（市场指向型个别领域协议）上，日本政府再次重申了移动通信市场自由化的承诺，同时表示“对于是否导入 TACS 方式，我们将在 12 月的中间报告上给出正式答复”。

同年 12 月，邮政省宣布认可 TACS 系统。中间报告明确表示“TACS 方式及 HICAP 系统可以并存”。

数日后，邮政省正式宣布“将于明年，即 1986 年夏完成《电波法》邮政省令的修改工作，开始接受移动事业的参与申请。”

同稻盛预测的一样，将从根本上改变日本通信方式的这场大革命终于拉开了第二波巨变的序幕。来年夏天，NTT 在移动通信上的垄断将成为历史。

邮政省对 TACS 方式的认可带来了一个新问题：第二电电到底是用 TACS 系统还是用 NTT 大容量方式作为可携带电话的系统呢？围绕这个问题，稻盛等人进行了反复的研究。

12 月中旬，众人召开了解决这个问题的最终会议。

稻盛入席后，会议正式开始。这场讨论的结果直接关系到可携带电话事业的成败，在座的每个人无不露出凝重的神色。

“这段时间我们一直在比较 TACS 系统和 HICAP 系统，它们的特征、优缺点，我想大家应该有非常深刻的印象了。我们在这里简单地再复习一遍。种野君，你来做个说明。”

被稻盛点到名的种野站起身来，

“TACS 系统和 HICAP 系统都是将服务范围划分为多个 cell 小区的蜂窝电话系统中的一种。从技术角度来看，二者并无优劣之分。同等的技术含量并不意味着同样的实践效果。选择 HICAP 系统的话，我们的可携带电话同 NTT 的车载电话的兼容性就百分之百没有问题。我们的消费者同 NTT 的消费者间的通话就能够得到保障。当然，我们也不能说 TACS 系统就无法同 NTT 的消费者进行通话。如果从技术上进行改良和磨合的话，两种系统还是有可能兼容的。”

小野寺接着说道，

“而使用 TACS 最大的好处就是不会在技术方式上被 NTT 占

据上风。假设我们采用了 NTT 的 HICAP 系统。如果 HICAP 系统有了新的改进，NTT 肯定不会在第一时间把它公之于众。那个时候我们就不得不接受以旧抗新的不公平的战斗了。”

“对种野君和小野寺君的说明有没有人要补充的？没有的话，下面就请大家畅所欲言，谈谈自己的看法。”

稻盛的催促似乎没有起到什么效果，只有稀稀落落的几个人发表了意见。大多数人还在犹豫当中。

“我想说几句可以吗？”

小野寺举手道，

“综合考虑，我认为应该采用 TACS 系统。采用 HICAP 系统就等于是让 NTT 掌握了技术上的主动。没有 NTT 发的‘许可证’，我们就什么都做不了。这对我们自身的成长非常不利。”

“可是从兼容角度考虑，HICAP 系统最为合适。它能够保证同 NTT 车载电话的兼容，这点非常有诱惑力啊。”

千本的意见也得到数人的赞同。

接着，又有几人陆续表态，但两种看法势均力敌，意见还是难以统一。

会场又一次静默了下来，所有人的目光集中在稻盛身上。

“意见都说完了？”

稻盛环视一圈，终于开口道：

“直接说结论，我的意见是采用 TACS 系统。理由，一个就是刚才小野寺君提到的那个弊端。如果我们用 HICAP 系统，就等于把控制权拱手相让。同时，可携带电话设备的引进也会受制于人。NTT 对国内通信器材商的影响力极大。通信器材商开发出什么新机型，绝对会第一时间供给 NTT。在机型竞争上我们肯定会落到下风。本来实力就不如NTT，再用这种落后NTT一头的战术，我们毫无胜算。”

众人都若有所思地点了点头。

“再进一步来看，我认为让日本所有的移动通信都采用HICAP系统的做法会给该行业的成长带来不利的影响。HICAP系统、TACS系统等多种技术方式的并存才能够形成良性竞争，在彼此切磋中得到进步。我的判断就是这样……大家怎么说？有不同意见吗？要是没有，我们下面就开始准备TACS系统的引进。”

众人一致通过了稻盛的建议。

第二年——1986年年初。稻盛来到芝加哥奥黑尔国际机场。

此行的目的地是芝加哥近郊绍姆堡的摩托罗拉总部，拜访的目的是为了开启同摩托罗拉在可携带电话事业上的合作。稻盛将同摩托罗拉总经理罗伯特·高尔文会面，就美国TACS系统的引进、摩托罗拉移动电话终端的采购等问题进行协商。

穿过市区，驶下高速公路，车子一路开进了绿色盈野的绍姆堡。不久，占地宽广的摩托罗拉总部终于出现在众人眼前。

摩托罗拉公司是由罗伯特·高尔文之父——保罗·高尔文创立的，成立于1928年。

当时的摩托罗拉名叫加尔文制造公司，是一间仅有六名员工的乡镇小厂。在1930年加尔文公司成功研制出第一台车载收音机后，公司的业务量迅速增加。值得一提的是，现在公司的英文名Motorola（摩托罗拉）正是来源于这个发明。Motorola一词的前五个字母“Motor”表示汽车，“ola”则是“声音”之意，摩托罗拉即是“汽车里的声音”。

1956年，保罗成为摩托罗拉董事长兼首席执行官，罗伯特出任总经理一职。在罗伯特的领导下，摩托罗拉在半导体、传呼机、移动电话等领域陆续研发出了领先世界的新产品，渐渐成长为通信器材和半导体行业的一家富有创造力的大型集团。

罗伯特·高尔文在公司大堂迎接稻盛。

“欢迎来到绍姆堡”，

高尔文面带微笑地欢迎道。

罗伯特·高尔文已年过65岁了，比稻盛大出一轮。但挺拔的身姿和健康的面色却使他看上去精神矍铄、富有朝气。

稻盛同高尔文已是老相识了。两人是在索尼盛田会长的引见下结识的，曾一起讨论过各自的事业及经营理念。

高尔文曾以“日本产的传呼机在美国市场进行不正当低价倾销”为由向商务部及美国贸易委员会提出反倾销诉讼。也是他一再敦促美国政府向日本施压让日方接受摩托罗拉公司的TASC系统。因此，日本的商界及媒体将其视为政治商人，称他是进军日本市场的急先锋。

然而，实际交往中稻盛却发现高尔文既不是一位反日人士，也不是一位依靠政府关系掠夺市场的寡头商人，相反，高尔文崇尚自由及公平竞争，是一名极有风骨的创业者。

稻盛开门见山地提出第二电电酝酿已久的可携带电话的计划。

日本移动通信市场自由化进程已进入最后的倒计时阶段。一旦移动通信市场开放，新加入者的申请也将随之开始。

当前的车载电话事业仅是一个过渡，可携带电话才是未来移动通信市场的焦点所在。第二电电打算最快将在三年内推出比现今的 handy phone 更为小巧轻便、更适于随身携带的便携电话。服务将会先从东京、大阪开始。之后再进一步扩大至名古屋、福冈等主要城市。

对这个计划，稻盛等人满怀信心。NTT 目前的车载电话系统收费高昂，注册费用高达三十多万日元。这种收费标准使得许多人望而却步。如果能通过技术革新、成本削减等方式降低使用费的话，移动通信方式肯定能够获得更多的关注。

而第二电电成立的目的不就是为了降低日本远高于欧美各国的电话费用么？

对稻盛带来的计划，高尔文表示出了极大的兴趣，当场点头说道：

“非常棒的计划，我们很感兴趣。如果有能够效力的地方，我们一定尽力。”

随即，高尔文就在手边一张草稿纸上给稻盛画出一副草图，是一张便携电话的模型图。

“我们公司现在正致力于这种可一手容纳、轻便易携的移动终端的开发。考虑到半导体及电池技术的进步，我想在不久的将来该项目就能取得一定的成果了。”

高尔文将草稿纸对折，冲稻盛比画道：

“机器就只有这么大。包括了信号收发装置、电池等等。我想，到那个时候，‘车载电话’就将彻底成为废词。这不是指车内通话的需求会消失，将来类似的需求肯定是只增不减的，而是指不会再有人使用车载电话了，所有人都会选择新式的可移动电话，后者将彻底占领移动通信市场。”

高尔文自信地预言道。

3. “对手吃了包子馅，我们吃了包子皮”

“如果日本高速通信无论如何也不打算放弃东日本的话，我们再执著于这片区域也不会有什么进展了。我们同意在这个问题上略作让步。”

稻盛的发言犹如一粒沉甸甸的石子，在众人中激起了层层波浪。

就在第二电电正对 TACS 系统和 HICAP 系统的选择进行最后讨论时，一个意外的消息传入稻盛的耳中。

去邮政省例行拜访的副社长金田风尘仆仆地出现在稻盛的办公室内，报告道：

“邮政省的负责人告诉我，日本高速通信也向邮政省表达了参与移动通信竞争的意愿。”

听到报告的稻盛不由得轻声叹道：“果然来了。”

日本高速通信的大股东——丰田汽车社长丰田章一郎对车载电话抱有极大的兴趣。日本高速通信会参与这场角逐不难预料。

“打听到他们的计划了吗?”

“是的。日本高速通信打算于两年后，即1988年秋开始移动通信服务。第一个开通的服务区域是首都圈，然后逐步把范围扩展至大阪、名古屋等地。计划步骤同我们没有太大的差别。但有两点同我们有着根本性的不同。第一，他们要做的……”

“只有车载电话么?”

“是的。光这一点就从根本上决定了我们两者间的不同。丰田推出了一个在仪表板组装车载电话的战略。日本高速通信正是实施这一计划的尖兵。”

稻盛点点头。果然是极具丰田特色的战略计划。

“另一处不同就是技术系统的差异。日本高速通信打算采用NTT的HICAP系统。日本高速通信里有几个‘下凡’的人是来自NTT、NEC等电电家庭的。应该是他们的意见起了作用。”

稻盛觉得这个推测很有可能。在日本高速通信和日本Telecom中，来自NTT的技术人员被奉为专家，在技术领域的问题上掌握着极大的发言权。

当然，第二电电也有不少人来自NTT的前身——电电公社。比如，千本、小野寺、种野等人。但后者全部都是在辞去电电公社的工作后进入第二电电的。

不仅是原电电公社的人，但凡转职进第二电电的员工都是辞去原先的工作，斩断一切退路后进入第二电电的。而日本高速通信及日本Telecom则不同，他们接受了大量来自NTT及出资企业的“下凡”人员。在人员出身构成上，两类企业有着巨大的差距。

“另外，三家新电电中的最后一家，国铁系统的日本

Telecom 则计划同三菱商事及住友商事合作，开通传呼机业务。除日本 Telecom 之外，打算插手传呼业务的还有清水建设、日商岩井、东京电力、三井物产等数个企业合作团体。不过，负责人告诉我，邮政省比较属意日本 Telecom 的合作团队，打算以他们为中心开展传呼业务。一些业内人士认为，邮政省的这种偏向是对没能参与到车载电话和可携带电话事业中的日本 Telecom 的一种变相的补偿。”

传呼机，也称寻呼机，是一种移动通信工具，仅有手掌大小，其液晶屏上可显示接收的讯息。传信方可通过电话鸣响收信者传呼机的提示音。“口袋铃”是 NTT 于 1968 年推出的业务，这个名字最终被称为传呼业务，即个人无线呼叫业务为世人所识。

“口袋铃？这个彻底偏题了吧？”

稻盛马上反应道。

目前，口袋铃的应用极为广泛。它可以同时向多人发信。在警察及医疗机构，它被用作紧急联络时的重要手段。

然而，口袋铃功能过于单一，只能作为可携带电话普及前的一种过渡手段。

“口袋铃先不管它，眼下重要的是日本高速通信的事。他们出来以后，我们得盯住邮政省才行。”

“确实如此”，金田皱起眉头叹道，

“邮政省的移动通信负责人已经私下里跟我说‘上面的人只打算在新竞争者中挑一家’。就是说，除 NTT 之外只能再有一家，共有两家公司能够拥有移动电话的经营权。原因主要有两点。一是邮政省的频率有限，如果是三家公司一同开通移动业务的话，之前准备的频率就不够分了。另一点是邮政省对移动市场规模的估计。他们认为移动通信市场不存在可容纳三者并立的市场规模。总之，照这么下去，我估计上面迟早会让我们‘跟日本高速通信联手，办一个合资企业’的。”

“只挑一家么?”

“是的。”

“嗯……”

稻盛抱起胳膊陷入沉思。

金田从邮政省打探的消息不久就得到了证实。

以关于移动通信业务有事相商为由，小野寺被召入邮政省。

“站在我们的立场上，希望你们可以和日本高速通信联合，争取在移动通信上实现二者的统一。”

“果然是谈这个事情啊。您说统一是指成立一个合资公司么?”

小野寺确认道。

“关于这一点，我们不会做任何指示。这是你们民间企业内部的问题。不过，第二电电的计划是 1988 年春开通业务，服务范围从首都圈依次扩大至大阪、名古屋等地。日本高速通信是从 1988 年秋开始，从首都圈开始扩展至名古屋、大阪。你们两家的战略计划有很多的相同点。”

“技术系统不一样。”

小野寺冷不防插了一句，

“我们用的是 TASC，据说日本高速通信采用的是 HICAP。”

“说到技术系统……”

邮政省的负责人顿了顿，轻低耳语，

“透露一个消息。我们的高层中希望采用 HICAP 的呼声很高。考虑到跟 NTT 车载电话的兼容性，HICAP 系统比 TASC 要有效率得多。”

“话虽如此，但是……”

负责人毫不犹豫地打断了小野寺的反驳，

“不要说了，你就当没听过这事儿。这话一旦泄露出去，美国那边又要不依不饶了。”

“联合的最后期限是什么时候？”

“这个倒没有说。不过最好在移动通信参与申请正式开始之前，也就是今年 8 月 1 日前。”

“为什么一定要求联合呢？是因为原有的 NTT 再加上两个竞争者，参与者就太多了吗？”

负责人颔首道：

“就是这个原因。现在全国 NTT 车载电话的签约数也就六万余件，从 1985 年 4 月到 9 月，半年间的总收入不过一百一十亿日元，不到 NTT 总收入的百分之零点四。从这个规模来看，NTT 再加一家公司足矣。”

“如果统一不了的话怎么办呢？”

“我们没有考虑过这种可能。不过想来只有两种处理方法。不是平均分配频率，就是把服务区域一分为二。不过这样的话，对你们新加入者来说条件就比较苛刻了。如果是前者，我们统共就准备了 25MHz 的业务频率，其中 NTT 要占 15MHz，你们能用的只有 10 MHz。如果再把这 10 MHz 平分，第二电电和日本高速通信就只能各拿 5 MHz 了。相当于你们一个地域只有三万的签约数。这样你们有赚头吗?”

“不可能的。就算是利润最高的首都圈如果拿不到五六万件的签约就根本不会有收益的。”

“是吧?那这样的话划分服务区域呢?估计你们也谈不拢。NTT车载电话的用户群六成都集中在东京。对第二电电和日本高速通信来说,东京肯定是兵家必争之地。”

小野寺不由得咬紧了下唇。

回到第二电电总部的小野寺立刻将此次谈话的内容一五一十地汇报给了稻盛。

听完汇报,稻盛也不由得摇头叹息道:

“邮政省的要求可以理解,但和日本高速通信联合,这个实在不容易。我不认为他们会愿意让出经营权。我们让出经营权估计这事才可能成。”

“是的。日本高速通信的目标是车载电话,若我们拿到经营权重点就转到可携带电话上了,他们肯定不会接受。根据邮政省的消息,日本高速通信打算成立子公司,专营车载电话事业。公司的名字都起好了,就叫日本移动通信。它的最大股东就是日本高速通信和丰田汽车。他们对车载电话的执著可见一斑。”

“不过,一开始就否定联合还为时过早。现在这个阶段我们需要把各种可能都纳入考虑范围内。”

稻盛略略思索片刻,终于决定道:

“我们来联络日本高速通信,就说‘大家来谈一谈’,主动抛个绣球过去看看他们有什么反应。能把他们的态度探出来就算有收获了。你先试着同他们接触一下，看看他们是怎么考虑联合问题的，对经营权、发展方向又是怎么考量的。一定要了解清楚。”

小野寺点头接下了任务。

一个月后，第二电电同日本高速通信在邮政省举行会谈，讨论双方在移动通信事业上合作的可能性。

一场谈判下来，小野寺再一次确认，第二电电同日本高速通信的发展方向如同油与水，完全没有相融的可能，两者合作的希望极其渺茫。

日本高速通信对合作一案一开始就表现出消极的态度。

日本高速通信的代表带着一脸不情愿的神情张口就道：

“你们说要联合，可第二电电的经营理念和我们相差十万八千里，怎么联合呢？这么比喻可能不大合适，不过稻盛会长率领的贵公司是一家风险企业，就像一匹哪都敢闯的悍马。这种经营风格和我们从母公司丰田汽车秉承下来的经营理念截然不同。”

“不然这样，欲速则不达，最后的联合问题咱先不谈，就说说你们各自的发展计划和构想，彼此增进一下了解，如何？”

邮政省的负责人连忙打圆场道。可日本高速通信的代表毫不买账，马上答道：

“我觉得这么重要的话还是一开始就挑明的好。”

“照您的意思，成立合资企业的事是完全没有可能了？”

小野寺干脆直接问道。

“呃，也不是完全没有可能。”

“怎么说?”

“比如说以日本高速通信七成，贵公司三成股份的形式，也就是我们控制经营权的话，还是有交涉余地的。”

“这不可能。”

小野寺寸步不让。

“是么？可是设立合资企业的时候，一般不都是由在规模、实力上更胜一筹的出资者掌握经营权的么?”

“我们不会接受这种形式的。那么，关于通信系统，你们又是怎么打算的呢?”

“你是说设立合资企业的情况吗？不用说当然是 HICAP 系统了。考虑到同 NTT 的车载电话的兼容性，也没有选择了吧。”

“TASC 系统也可以同 HICAP 系统兼容。两系统间的通话应该是没有问题的。”

“是么?”

“我说两位……”

邮政省的负责人终于忍不住开口道：

“大家各抒己见固然不错，不过多少应该表现出一些合作的态度吧。你们这样，还怎么谈联合?”

之后，关于合作问题，第二电电同日本高速通信又进行了数次磋商。

然而，自负“母公司丰田汽车乃是日本商界的无冕之王”的日本高速通信毫不掩饰对第二电电经营理念、公司风气的不屑，在经营权、技术系统上双方的观点如同两根平行的直线，没有丝毫相交之处。两方的社长间会谈也没有取得任何进展。

8 月 1 日，移动通信事业的参与申请正式开始。由于第二电电和日本高速通信仍未能就双方合作一事达成一致，两家公司遂分别向邮政省递交了自己的申请函。

不论合作能否顺利进行，参与移动通信事业的各项准备可事不宜迟。稻盛一面压抑着心中焦急的情绪，一面抓紧落实各项准备工作。小野寺等人则按稻盛的指示，进一步完善各项细节，开始基站数目和地址的筹划工作。

时光飞逝，一转眼就到了 10 月。

11 月，各方新参与者争相角逐的日本传呼业务终于实现了联合，以日本 Telecom 为主导的集团获得了经营权。

消息称，以日本 Telecom 为主、清水建设、日商岩井、东京电力和三井物产等五方参与者携手，将于今年 12 月中旬设立服务首都圈的东京电信电报公司。

金田曾猜测邮政省将传呼事业交于日本 Telecom 是对后者未能参与车载电话和可携带电话事业的一种变相补偿。不管这个猜测是否属实，传呼事业现在都正向着日本 Telecom 希望的方向发展。

第二年，即 1987 年正月，移动通信事业停滞不前的局面终于也出现了转机。

邮政省彻底放弃了让第二电电及日本高速通信合作的打算。1 月 17 日，邮政省发表声明表示正式接受两方单独参与移动事业的申请。

声明发出后不久，第二电电及日本高速通信的代表又一次被请入邮政省。

邮政省负责人颇为失望地开口道：

“你们两家各自为营的话，方法就只剩两种。一种是‘平分频率’，即你们平分准备好的 10MHz，还有一种是‘平分服务区’，即划分营业范围。不过，我想你们也知道，如果选第一种方法的话，各家 5 MHz 的频率相当于一个地域只能签三万单的生意，是不会有什么进项的。”

“能不能把 NTT 的份额分给我们一些呢？”

日本高速通信的代表打起了 NTT 的主意。

“我也是这么想的。难得我们两家意见会一致，冲这个份上您也考虑一下吧。”

小野寺马上跟上，半开玩笑地冲邮政省的负责人说道。可惜，对方不假思索地否决了：

“不可能。给 NTT 公司 15MHz 这一点不会有任何变更。所以说，实际上你们现在可用的选项只有‘平分服务区’了。再说具体一点，就是划分成东日本和西日本两块区域。”

“这样的话，我们要东日本。”

日本高速通信的代表态度强硬地说道。

“我们设立日本移动通信、开展移动事业的一个最重要的前提就是我们面向的市场是东京首都圈！在西日本我们的预设完全不能成立。”

“你等等。我们对东京也是一样重视的。”

小野寺针锋相对，丝毫不落下风。

NTT 车载电话的客户六成都集中在东京。而且，根据电气通信审议会对不同地域车载电话需求的预测，七年后即 1994 年，东京地区对车载电话的需求将达到三十五万部，大阪地区为十五万部，名古屋地区为七万部。不论是对第二电电还是对

NTT来说，东京都是移动通信事业的必争之地。

“各位的选择我也理解。不过，两位是否有选西日本的可能性……”

“不可能！”

“我们也一样！”

“可是，大家都不退一步的话，这事儿怎么能谈得拢呢？”

邮政省的负责人苦笑着看向小野寺及日本高速通信的代表。

第二周又举行了第二轮会谈。双方对东日本营业区的归属毫不松口，谈判依然无果。

听完小野寺的汇报，坐在会议室长桌后的稻盛不由得抱起胳膊叹息道：

“由抽签来决定东西地域归属的提议也被他们拒绝了？”

小野寺点头道：

“一句‘开什么玩笑’就给否定了。这还就罢了，他们竟然还反过来教训起邮政省的那位课长，说：‘一个国家性的项目用抽签来决定简直就是儿戏。请您严肃一点’。”

“就是因为迟迟无法达成一致才考虑用抽签来决定的。”

结果竟被人指责为儿戏。实际上，抽签是一种非常公平的决定方式。在美国开始车载电话业务时，美国联邦通信委员会就曾非常慎重地讨论过抽签方式的可行性。

“再这么下去我们永远不可能达成一致。”

稻盛闭上眼睛，心中开始快速地推演各个方案的得失。

如果不想在交涉上拖延下去，把东日本地区让给对此极其执著的日本高速通信，退而求其次选择西日本服务区也不是不行。

在收益最高的东京服务区无法到手的情况下，让自家的移动事业在西日本扎下根来，这也不失为一个可行的策略。毕竟，移动通信事业对将来的事业发展极为重要，它是打造本地通信网的根本，是实现“葡萄串”计划的关键。

不过，这一步要怎么让，这事并不简单。

虽然说分东西两区，但东西之线该如何界定。分界线是在箱根、静冈的大井川，还是再退一步到滨松？之前没有人提过这些划分细节。

从常识来说，关东以东或静冈以东为东日本，东海地方以西为西日本。可是这种划分并不具有法律效力。谁知道日本高速通信会怎么打算呢？

1987 年 2 月 4 日——

邮政省再次举行了两方会谈。这一次，稻盛亲临会场，打算在服务区域划分问题上向对方要一个准确的说法。日本高速通信一方则是以会长花井正八、社长菊池三男为主要代表。

邮政省的负责人问起了两家公司的打算。

“我们不会变更既定方针。我们希望能够在东日本地区开展移动通信事业。”

日本高速通信一成不变地答道。

“第二电电呢？”

稻盛推开椅子，站起身来。

“如果日本高速通信无论如何也不打算放弃东日本的话，我们再执著于这片区域也不会有什么进展了。我们同意在这个问题上略作让步。”

稻盛的发言犹如一粒沉甸甸的石子，在众人中激起了层层波浪。

“不过，有一点必须先确定下来，这就是东西日本服务区如何划分。这条边界线不明确的话，第二电电是不会轻易答应下来的。”

“东西日本的分界线在我们看来是非常明确的。”

日本高速通信的代表马上站起来说道，

“按 NTT 车载电话的服务区域划分，东日本是指名古屋以东的地区。我们打算沿用这种方式。”

话音未落，场内就爆发出一阵更为激烈的议论声。日本高速通信竟然企图颠覆惯常的分界方式！除日本高速通信的代表外，包括邮政省负责人在内的所有的出席者们无不大吃一惊。

“也就是说除东京之外，你们还要一个名古屋？”

面对邮政省负责人的质问，日本高速通信非常爽快地承认下来。

“你们不觉得太不公平了么？NTT 车载电话在东京、名古屋地区共有五万四千台，而在大阪以西即使包括九州地区还不到两万四千台。”

稻盛难抑愤怒地反驳道。邮政省的负责人也不可自抑地点了点头。

然而，日本高速通信的态度极为强硬：

“我们决不会放手东京、名古屋地区。反过来说，只要有东京、名古屋，剩下都给第二电电我们也没意见。”

对方的贪得无厌让稻盛吃惊得说不出话来。

竟然打算独占需求最大的东京及名古屋市场。从投资效率来说，没有比这更上算的方法了。

如果同意了日本高速通信的主张，那么第二电电服务区内除了大阪就全都是像北海道、东北、北陆、中国、四国、九州这样的小城镇了。这些地方对移动通信的需求小，投资效益差。

可是，如果第二电电不接受这个提案又会如何呢？

今天是 1987 年 2 月 4 日，距开始新参与者申请的日子已过了六个月。

要是双方一直僵持下去的话，邮政省肯定会以“除联合外无路可行为由”，再次提出联合的要求。向第二电电和日本高速通信下达以合资企业形式进入移动事业的最终裁决。

一旦选择合资企业的形式，经营权肯定就会落到日本高速通信手上。毕竟从母公司的角度来说，丰田汽车在企业规模和实力上都要强于京瓷。所以，第二电电最终很可能只是公司的第二股东，拿不到经营权。

如此一来，第二电电自己的战略计划就无法实现，“葡萄串”就将化为泡影。

“第二电电，稻盛会长，您怎么说呢？”

邮政省负责人问道。一瞬间，所有人的目光都集中到了稻盛身上。

“照这样下去，谈到什么时候都不会有结果了。你们‘要东京、要名古屋’，这跟一口吞了包子馅，然后说‘还给你们留了皮’的行径有什么差别？……好！那好！也可以。我们就拿剩下的地方好了。”

全场大哗。

就连日本高速通信的社长菊池、会长花井都露出了不敢置信的表情。

“您确定？就相当于东京、名古屋都属于日本高速通信了。诸位，请安静一下，您真的确定了？”

稻盛压抑着满腔的愤怒和遗憾，默默地点了点头。

“那日本高速通信呢？虽然我想答案应该很明显了，不过慎重起见我还是再确认一次。日本高速通信对划给第二电电的服务区域有异议吗？”

“没有，我们同意。”

日本高速通信代表抢着答道。计谋得逞的兴奋溢于言表。连菊池、花井都维持不住严正的神色，面上露出一片潮红。

稻盛下意识地咬紧了下唇。

虽然清楚这是眼下第二电电唯一可走的路。但这个被日本高速通信强迫选择的起点实在是差对方太远了。

当日，稻盛召开董事大会，向索尼会长盛田、牛尾电机会长牛尾、西科姆会长饭田等报告了此次交涉的结果。

众人无不哑然。

“稻盛君，你都撕破脸说出肉馅包子皮的比喻了，竟然还真给出去了馅，捡回了皮?！你……唉！日本高速通信的算盘打得也太精了。”

牛尾一脸懊恼地叹息道。

“稻盛君，你怎么不跟我们商量一下呢。就算你是会长，也不能一声不吭就轻易地把这种条件给答应下来了啊。”

盛田埋怨道。

“我可不是‘轻易地’答应下来的。这是我考虑再三的结果。”

“可是……”

“就算同诸位商量后也只能是这个结果。我们不让步，谈判就不会有进展。很有可能最终又会变回合资企业的形式。与其让他们掌控经营权还不如退一步我们自己单干。”

“不管怎么说，接受这样的条件实在是太蠢了。你觉得有人会答应这么不公平的条件吗？”

盛田越说越激动，牛尾和饭田也你一言我一语地附和着。

“我知道不公平。我想说的是，现在我们没有选择的余地，这是第二电电唯一的路，希望诸位能够体谅。虽然现在局面不利，不过，古语有云‘以退为进’，在这里我们退了一步，但在将来我们一定能后发制人。”

“你有把握吗？”

面对牛尾的质疑，稻盛坚定地答道：“当然有。”

4. 结盟“旁系诸侯”，形成“葡萄串”

经营会议一结束，第二电电立刻行动起来，怀揣“葡萄串”的梦想，“密使”们向“旁系诸侯”带去了结盟的橄榄枝。

“以退为进”并不是为了反驳盛田等人而随口胡诌的遁词。

这些天，稻盛一直在考虑脱困的法子。

现在的局面对第二电电极为不利。第二电电就好比战国时代的一位武士，在武将功勋评定会上被人用一处无人问津的领地换走了广袤的土地。

日本高速通信一方现在想必是一片欢腾吧。能如此轻松地将人口最密集的东京、名古屋收入囊中，怕是日本高速通信自己都不敢相信。说不定这一群人还在偷笑着琢磨“咋这么容易就得手了呢”。

如何才能突破当下的困局？如何才能克服诸多不利的条件反超日本高速通信呢？

稻盛仔细琢磨着。

如果能够在各个地区构筑起扎实的销售网络，或许能挖掘出 NTT 车载电话漏过的潜在需求。可是，这个计划该如何实行？仅凭第二电电一家是无法构筑起符合要求的销售网络的。那么，我们又应该找谁一起合作呢？

终于，一个计划，一个唯一有可能绝处逢生的计划在脑海中逐渐成形。

稻盛立刻召开经营会议，把自己的构想告诉干部们：

“这一次，非常遗憾，我们不得不接受一个痛苦的选择，这让人很不甘心啊。热腾腾的肉包子明明都已经端到眼前了，结果竟然被人一口吞了肉馅，只剩了一层面皮儿给我们。不过，就算只吃面皮，那也饿不死人，我们照样经营得下去。而且，我这儿还有一个法子，能把面皮变成黄金皮！虽然做起来不容易，但只要我们能够化挫折为动力，拼这一把，肯定能够好好地回敬日本高速通信。我管这个法子叫‘旁系诸侯’的‘葡萄串’计划!”

众人目不转睛地盯着稻盛。

“什么是‘旁系诸侯’?‘旁系诸侯’就是电力公司。众所周知，根据电气事业法，在电力供给上一直实行的是地域垄断体制。全国分成北海道、东北、首都圈、中部、北陆、关西、中国、四国、九州几个区域，在每个区域分别设立一个电力公司统一经管该地的电力供应事业。这几家电力公司就是北海道电力、东北电力、东京电力、中部电力、北陆电力、关西电力、中国电力、四国电力、九州电力。这些电力公司就如同室町·战国时代的‘外样众’，江户时代的‘外样大名（旁系诸侯)’。他们扎根在自己的属地上，掌控着当地的经济命脉，对该地域有着巨大的影响力。我们要做的就是派出‘密使’，让他们成为第二电电的同盟。”

“同盟是指同他们一起设立合资公司吗?”

小野寺问道。

“就是这样。除掉东京电力和中部电力，我们可以同剩下的七家公司合作，在各区域内成立经营可携带电话业务的蜂窝电话公司。同关西电力合作，服务区就是关西地区，成立关西蜂窝电话；同中国电力合作，服务区就是包括广岛、冈山等地的中国地区，成立中国蜂窝电话；同样，同东北电力合作就是东北地区的东北蜂窝电话……这样，我们就可以在除东京、名古屋外的全国各地建立起蜂窝电话公司，在最短的时间内把我们的‘葡萄串’结出来。”

这个大胆的创意让众人不由得眼前一亮。

“另外，关于合资公司的运营，我目前的想法是我们要占过半的股权，电力公司的资本最好限制在百分之二十。合资公司的社长可以让他们来指派，但表决权应该在我们手里。”

“不是双方各半吗？”

稻盛冲千本摇了摇头解释道：

“合资公司绝不可以出现对半分的情况。因为这么做会使公司决定权不明晰，给经营带来混乱，最终导致事业失败。”

“原来是这样。”

片冈志津雄激动地说道。

“想想看，不久，北至北海道，南至九州都将结出我们的‘葡萄串’。到那个时候，日本高速通信就会发现包子皮变成了包围网！”

小野寺接着补充道，

“刚好电力公司不是有电力铁塔么？那个用来装可携带电话的收发信号装置再好不过了。时间、成本都能省下来。”

经营会议一结束，第二电电立刻行动起来，怀揣“葡萄串”的梦想，“密使”们向“旁系诸侯”带去了结盟的橄榄枝。

而日本高速通信一方，似乎已迫不及待想要进入东京、名古屋市场。2 月 18 日，日本高速通信发表声明，公布了专营车载电话事业的子公司——日本移动通信（IDO）的设立计划。

日本移动通信将于 3 月 9 日正式成立，注册资本金总计五十五亿日元。出资者共有十八家企业。最大的股东是日本高速通信及丰田汽车，除此之外还有东京电力、日产汽车及数家大型贸易公司。

新公司的社长由日本高速通信的副社长池田一雄兼任，会长则由日本高速通信的会长花井正八兼任。按计划，公司将于1988年秋正式启动。

声明发表后，报纸杂志等各大媒体纷纷认为，日本高速通信不仅在固定电话事业上拥有优势，在移动通信事业上依然领先一步。第二电电必将陷入一场苦战。

而此时，水面下，第二电电的结盟“旁系诸侯”、形成“葡萄串”计划也进行得极为顺利。

6月1日，第二电电同关西电力等合作，成立了第一家蜂窝电话公司——关西蜂窝电话公司。其服务区域为位于近畿的二府四县地区，即大阪、京都、兵库、和歌山、奈良、滋贺等地。预计在两年后，即1989年7月正式开始提供移动通信服务。

关西电力的经理青户元也出任关西蜂窝电话的社长。关西电力社长森井清二成为新公司的发起人。值得一提的是，发起人名单竟然囊括了大阪煤气的社长大西正文、三得利的社长佐治敬三等诸多关西商界的风云人物，可以说关西蜂窝电话得到了关西商界的倾力支持。按预定计划，第二电电占出资额的百分之六十五，是第一股东，关西电力的出资比率为百分之二十。

10月，继关西蜂窝电话之后，第二电电联合九州电力成立了面向九州地区的九州蜂窝电话。

11月，同中国电力合作的中国蜂窝电话成立。

第二年4月，同东北电力合作的东北蜂窝电话成立；5月，同北陆电力合作的以富山、石川、福井这三个北陆县为服务区域的北陆蜂窝电话成立。

同关西蜂窝电话一样，各家蜂窝电话的社长由电力公司指派，第二电电则以第一股东的身份掌控经营权。

“葡萄串”渐渐成型。

1989年年初——年号由昭和改为平成后不久，摩托罗拉总裁罗伯特·高尔文带来了一个令第二电电上下为之振奋的好消息。

世界最轻最小的可携带电话终端开发成功。该终端将于4月份正式投入市场。产品名为Micro TAC。

当摩托罗拉送来的样品出现在众人面前时，会议室内爆发出了一阵惊呼。

“划时代的作品。”

稻盛赞叹道。

Micro TAC的重量约为三百克，只有衣服口袋大小。它采用折叠设计，按键被藏于机盖下方。整个造型朴素高雅。

NTT于1985年发售的首代肩包式移动电话重约三千克，有词典般大小。NTT这些年来，一直在对它进行改进，期望能够在重量和大小上有所突破。然而，目前NTT最新的可携带电话依然重达六百克，大如瓦片。两者相较，Micro TAC的优越性不言而喻。

“非常幸运，开通业务之前，一位值得信赖的朋友出现了。”

稻盛说道。

“没错。刚好可以突出我们的可携带电话这个主题。毋庸赘言，这就是最好的宣传。”

小野寺兴奋地说道。

7 月，关西蜂窝电话即将正式投入运营。

在开业前的一天，7 月 13 日，关西蜂窝电话在大阪的梅田站前的广场上举行开业仪式。

相关人士纷纷出席。在众人的瞩目中，稻盛站到台前，为开业致辞：

“今天，关西蜂窝电话公司的可携带电话服务终于正式面市。可携带电话时代的序幕已经拉开。我相信在不久的将来，‘个人电话的时代’也将到来。当一个婴儿呱呱坠地来到人间时，或许他最先得到的不是自己的名字而是一个可携带电话的号码。想象一下，人手一台电话，随时随地可以同任何人通话。这样的时代已经来临……”

开业致词后是剪彩仪式。稻盛同关西蜂窝电话的社长青户等人挥刀剪下彩绸的同时，无数红白色的气球被放上天空。一时间，星星点点的红白色飘扬在大厦林立的街道上。

接着，在大阪商业街御堂筋道上开始了盛大的游行仪式。总指挥一马当先，笛鼓队、车队紧跟其后，锣鼓喧天。所有人都在卖力地宣传关西蜂窝的可携带电话业务。

14 日午夜零点，可携带电话业务正式开通。

反响是巨大的，第二天关西蜂窝电话就获得了超过四千件的合约。

其中，可携带电话终端的合约件数占总数的百分之四十五，可带出车外的车载便携两用终端占百分之十五，车载电话终端为百分之四十。

去年 12 月，在东京二十三个区开始移动通信服务的日本移动通信共获得八千件合约，其中车载电话占百分之九十七，可携带电话仅占百分之三。

到此为止，在可携带电话之争中，第二电电已稳稳凌驾于日本移动通信之上。

之后，关西蜂窝电话的签约件数迅速增加，营业额节节攀升。最初配置的基站等设备的容纳量为二万七千人。但到 1989 年年末，现有的条件就已无法满足市场的需求了。第二年 6 月，关西蜂窝电话开始追加设备。追加后的设备可容纳的用户数为五万四千人，是之前的一倍。

而关西蜂窝电话的盈利也获得了翻倍的增长。1989 年，关西蜂窝电话的销售额为六十八亿日元，正常损失十一亿日元。1990 年度，销售额二百四十亿日元，正常损失为四十九亿日元。短短的一年内，关西蜂窝电话不仅实现了获利、摆脱了累积损失，还积累下四亿日元的留存收益。

关西蜂窝电话的突飞猛进让计划的制定者稻盛都大吃一惊。

当然，稻盛很肯定，这是一个绝妙的计划。但丰收来得如此之快，确实出人意料。

关西蜂窝电话的成功，Micro TAC 功不可没。它带来了巨大的人气。“我去推销的是固定电话，结果客户看到我的 Micro TAC，马上说‘就要你手上拿的那个’。”种野幸福的抱怨从另一方面证明了 Micro TAC 的抢手程度。摩托罗拉分给日本的生产份额早已告罄。甚至出现了实机得在一年后才能到手的情况。

合适恰当的话费体系是左右事业成败的重要因素，也是关西蜂窝电话成功的关键。关西蜂窝电话的基本话费比 NTT 的便宜三成。在通话话费上，关西蜂窝也相当的实惠。比如，除周末和节假日之外的白天时间里，近畿地域内 NTT 的话费为三分钟二百八十日元，关西蜂窝电话是二百日元；毗邻县间或者一百六十公里内 NTT 的话费为二百八十日元，而关西蜂窝电话则保持在二百六十日元左右，同时在这个基础上还会给出百分之四至百分之二十九的优惠。在车载电话业务上，NTT 的用户需缴纳十万元的押金，而关西蜂窝电话则免除了该项费用。

可携带电话的巨大的潜在市场也是事业成功不可忽视的因素之一。稻盛在提议进军可携带电话事业时曾指出：“采用了半导体技术的移动电话会渐渐地向小型化、低价位的方向发展。当这些变化达到临界点的时候，移动通信市场就会急剧地膨胀起来。”确实，这是一个出人意料的大爆发。

稻盛突然想起了森山。在 1987 年 12 月，当这个老伙计还在世的时候。他按照自己的指示，利用在通产省、尤其是在资源厅时同电力公司培养起来的关系渠道，以“密使”的身份出使全国各地，同“旁系诸侯”洽谈合作事宜。

有一次，他私下问过这么一个问题：

“稻盛君，当时你说成立合资公司时电力公司的出资比率为百分之二十，我们不能稍提一点吗？电力的负责人都对这一点很不满意，经常有人问我‘为什么我们只有百分之二十呢？’在电力公司看来，我们第二电电只是一家中小企业。按他们的话来说，‘凭什么你们可以占过半股权呢？至少也该是对半分吧。’”

记得当时自己是这么回答的：

“不行。占大半股权是保证这个事业成功的关键。如果两方对半的话，公司的经营一定会出问题的。‘虽然出资比率只有百分之二十，不过公司的社长可以由你们来指派’，你用这个理由，我想应该就能说服他们了。”

那时，森山可能并没有完全接受稻盛的解释。但此后，他从未再对此抱怨，只是默默地投入到“旁系诸侯”的争取工作，努力完成自己的任务。

森山加入第二电电只有很短的一段时间。但他为固定电话、可携带电话事业的辉煌做出了巨大的贡献。

继关西蜂窝电话之后，全国各地的蜂窝电话公司相继开通可携带电话的服务。1989 年 12 月九州蜂窝电话及中国蜂窝电话开业，1990 年 4 月东北蜂窝电话、8 月北海道蜂窝电话、9 月北陆蜂窝电话和 12 月四国蜂窝电话先后投入运营。

虽然七家蜂窝电话公司因地域不同发展也不尽相同，但所有公司的新签合约数都远远超过了 NTT。其中，关西蜂窝电话的市场占有率甚至打败了 NTT，成为关西区域第一大移动通信公司。

1991 年 6 月，全国第八家蜂窝公司，冲绳蜂窝电话正式成立。公司注册资金为三亿日元，第二电电投资比率占百分之六十，余下份额由冲绳电力、琉球石油、琉球银行、冲绳银行、猎户座啤酒等当地知名企业所得。社长由琉球石油的社长稻峰惠一兼任。

一开始，稻盛策划“旁系诸侯”的“葡萄串”计划时，并未考虑冲绳地区。稻盛考虑的合作对象是除东京电力、中部电力之外的七家电力公司，冲绳电力并未被列入其中。

稻盛对冲绳的喜爱同冲绳当地商界寻求自立的强烈愿望最终使“小八”——冲绳蜂窝电话得以诞生。

去年，1990 年 10 月，在原日本兴业银行行长中山素平的号召下，冲绳座谈会开幕。该座谈会是希望通过促进本岛及冲绳经济界重要人士的交流，最终达到振兴冲绳经济和文化发展的目的。牛尾治朗担任日本本土方的代表，稻盛是与会人士之一。

然而，被寄予厚望的座谈会上却迟迟没有出现期望中的亮点。难道就没有什么好主意吗？边听着他人讨论边暗自琢磨的稻盛忽然灵光一闪。

“我原来打算把冲绳地区划到同九州电力合作的九州蜂窝电话的辖区内。但这样的话，冲绳只能被当作一个下辖的服务区，就没有什么特别之处了。因此，我在考虑，是否在冲绳成立一个独立的蜂窝电话公司……”

稻盛的出生地鹿儿岛就在冲绳附近，从很早以前稻盛就对冲绳抱有极大的兴趣。冲绳人民以优秀的文化和卓越的审美意识为基础，创造出了自己独特的文化和生活圈。在 1609 年萨摩藩占领琉球王国后，冲绳被纳入萨摩藩的势力版图。作为戍卫本土的屏障，冲绳在以往的战争中损失惨重。

冲绳不属于九州。冲绳的移动通信事业与其交于九州的电话公司，不如交给冲绳本土的人。

稻盛站起来，仔细解释自己的计划：

“为降低日本话费我成立了第二电电。继固定电话事业之后，我们开始着手移动通信事业。当前，可携带电话市场正处在一个急速增长的时期。半导体的革新使得可携带电话终端缩小至一个手掌大小。可装入兜中，方便易携的移动通信时代已经来临。”

最后，稻盛补充道，

“如果，大家有打算进军可携带电话事业的话，请允许在下略尽绵薄之力。第二电电可以出资过半，再加上冲绳地方的出资，我们能建起一家冲绳自己的蜂窝电话公司，为冲绳人提供移动通信服务。社长由当地企业指派，员工也都用冲绳人。”

对稻盛的提议感兴趣的可不是一两个人，在场的冲绳企业家一个接一个地表明了支持的态度。某企业高层直接说道：

“站在平等的立场上同我们合作，稻盛会长，在本岛的企业人当中你是头一个。”

在设立大会结束的一年零五个月后，也就是1992年10月20日，冲绳蜂窝电话正式投入运营。服务范围包括那霸市、冲绳市、石川市、名护市及其周边地区。虽然已经有关西蜂窝电话等已投入运营的蜂窝电话公司的优异成绩摆在眼前，但对冲绳蜂窝电话的发展前景，外界并不看好。不少人纷纷质疑：“为什么要在冲绳设立独立的电话公司呢？对可携带电话来说那完全就是一个空白地带！”

正如他们所言，冲绳可携带电话的市场规模并不大。1985年，电气通信事业法实施后，NTT在冲绳获得的车载电话的签约数不过一千四百台。

然而，稻盛对此有不同的看法。冲绳人“振兴乡土经济的使命感”、对经济自立“必须成功”的渴求将会是事业成功的巨大助力。

冲绳蜂窝电话确实竭尽全力。一接到“信号不好”的投诉，立刻派人排查死角，解决问题。凭借着细致的服务和不懈的努力，冲绳蜂窝电话的用户人数一路攀升，最终超过了 NTT DoCoMo 的市场份额。成立后的第五年，冲绳蜂窝电话的营业额已达到七十六亿二千三百万日元，正常利润达九亿六千三百万日元。冲绳蜂窝电话占据了移动通信市场六成的份额，成为冲绳高收益的企业之一。

1997 年 4 月 15 日，最后加入蜂窝电话集团的冲绳蜂窝电话成为第一家公开发行股票的可携带电话公司。

结盟“旁系诸侯”，形成“葡萄串”——被逼入绝境的第二电电针对可携带电话事业想出来的这步险棋终于在冲绳蜂窝电话这片沃土上催开了绚烂的花朵。那丰硕的果实既是冲绳经济界的骄傲，也是走向地方自强之路的宝贵经验。

第五章

凤凰涅槃，浴火重生

1. 经济萧条背景下成功上市的第二电电

“放弃股权。”

下定决心后，心情豁然开朗。现在，稻盛益发确信自己做了一个正确的决定。

第二电电成立的第四年，即 1989 年的 3 月结算显示，公司的正常利润为四十四亿日元。在第一年度就实现盈利的第二电电一直保持着良好的增长势头。

在 1991 年 3 月结算时第二电电的营业额就已达到一千五百五十四亿三千八百万日元，突破了一千亿日元大关。该年的正常利润为二百零六亿七千九百万日元。到了 1993 年 3 月，销售额涨到了二千三百零七亿日元，正常利润为二百四十亿日元。

这段时间也是日本经济大起大落的时期。

泡沫经济的繁华以及泡沫破灭后的萧条。

20 世纪 80 年代后期，日本的股票和土地价格一直维持上升趋势，其价格远远超过了实际需求下的正常价位。1989 年 12 月 29 日，日经平均股价终值达到三万八千九百一十五日元，创下历史新高。

这一空前的盛况在 1990 年大藏省的《关于控制土地相关融资的规定》，也就是总量控制规定出台后戛然而止。股价、地价暴跌，大批企业宣告破产，金融机构的不良债权日益膨胀，日本的金融体系已无法起到应有的作用。经济的不景气使物价下跌，而低落的物价使得经济进一步恶化，日本陷入螺旋式的通货紧缩。

然而，在这场暴风骤雨中第二电电依然保持着强劲的增长势头。

1993 年 9 月 3 日，第二电电在东京证券交易所第二部成功上市。成为三家新电电中首家上市的公司。从事业可行性调查公司第二电电企划成立到首次公开招股只用了九年。如果从第二电电成立时开始算起，整个过程才不过八年。实际上，第二电电原打算在 1992 年就实行上市计划，但由于当时证券市场、特别是新股市场的低迷，公司又拖延了一年。

市场对第二电电寄予厚望。发行的三百七十万日元的股票在上市时已涨至五百五十万日元。第二电电从中筹集到一百七十亿二千五百万日元的资金，现在第二电电的总资本已达到二百七十八亿五千三百万日元。

对稻盛等人而言，上市意味着的一个发展阶段的达成。

1987 年 9 月起步的长途电话业务现在已遍布全国各个角落。1989 年 7 月开始的可携带电话事业一直保持着令人瞠目的势头。以关西蜂窝电话为例，其 1991 年 3 月结算的正常利润竟达四十九亿日元，远超人们的预料。当前，第二电电的员工数为两千七百人。第二电电已由一家十九人的小公司成长为一家大型的电气通信公司。

上市对当前的第二电电来说有着重要的意义。

要想同时在固定电话及可携带电话的战线上同 NTT 一较高下，就必须通过上市提升资金筹调的能力。同时，上市也可以提升公司的认知度并在强化营销力及品牌上起到积极的作用。

实际上，上市还给第二电电带来了一个意外的惊喜。

准备上市申请需要的资料，拜访东京证券向他们解释业界的现状，这些上市的准备工作都是由总务部长下坂博信及总务部的望月和彦等人负责的。工作中，众人明显地感觉到了公司内日益高涨的士气。

“大家都很高兴，都说‘想到自己在一家上市企业里工作，干劲一下子就来了。’”

接着望月的话，下坂补充道：

“甚至还有人说‘能在上市企业里工作是我的梦想’。‘我在一家杰出的企业里工作’，这种认同和自豪可以转化为强大的动力。”

第二电电上市后不久的一天，作为常务的日冲昭红着脸找到稻盛，

“稻盛会长，可以耽误您一点时间吗？我想向您表示我的感谢。”

“嗯……”

“首先，我想说，上市后大家都很高兴。都说‘想到自己在一家上市企业里工作，干劲一下子就来了。’”

“下坂他们昨天也说到这事儿。”

“另外，您给了包括我在内的所有的老员工一份超级大礼，一份绝对超过我们应得的大礼！”

日冲指的是分给员工的股权。

这是六年前的事情。

1987 年 11 月，为了培养每位员工的主人公意识，也为了感谢和回报大家的努力，稻盛打算拿出一千三百股作为员工奖励。

1986 年 12 月以前入职第二电电的四十九名员工都能够以一股五万日元的价格认购股份。对暂无购买能力的员工，第二电电还允许他们通过银行借贷进行认购。

当时的股价在上市后一跃升至五百五十万日元。曾获股权的员工拿到了一笔完全可以支付住房首付的额外收益。

“哦，不是挺好的么。”

“稻盛会长，我想说的是……”

日冲向前挺了挺身子，

“稻盛会长当时没有拿任何股份。您还记得吗？当时制定股权认购草案的时候，是我先做了草案再拿给您过目的。当时，您一口拒绝了给您的份额，我还很惊讶地回了一句‘您不拿怎么行呢’，还记得吧。当时，您的回答是‘将来我从市场上买就行了’。”

“啊，是有这么回事儿。”

“我真是完全没有想到。虽然您说过‘动机至善，私心了无’，但我真没想到您竟然能做到这一步。”

“呃……嗯，也不是这样。也是有缘故的。”

稻盛有些不好意思，

“在决定奖励股权的时候，我曾经跟宫村先生谈过。”

“公认会计师宫村久治先生吗？”

“嗯。大家觉得我是干部的一员所以也应该得到股权，是么？实话说，我原先也是这么想的。有一次刚巧遇到宫村先生，我就说了自己的打算：‘公司马上要给员工发股份了，我们都能拿一份。’宫村先生一听，马上就说：‘稻盛君，这可不行。创立公司的时候你不是说了吗？动机至善，私心了无！只有你，一定不能拿！’”

“啊？”

“从宫村先生担任京瓷的监察人起，我们认识有二十多年了。私下里我们交情很好，无话不谈。那天，一听他的话，我马上就说‘你开什么玩笑呢’，当场就顶回去了。但是宫村先生非常坚持，要求我‘绝不能拿’。最终，他还是把我给说服了。所以说，我也不是你想象中的圣人君子，也是有贪心的时候的。”

“可是，稻盛会长也没有领第二电电的工资啊，您还工作得如此尽心尽力……”

“我是兼任第二电电的社长，正职工作是在京瓷公司，工资当然由京瓷来发。”

“我敬佩您！没有人会像您这样行事的。”

说罢，日冲低头一躬，离开了房间。

对日冲提到的股权分配上的这段小插曲并不是稻盛信口编造的。最初，稻盛确实是将自己列在能够认购股票的干部名单之上。然而，当稻盛把此事告诉公认会计师宫村时，却遭到了对方强烈的反对。

稻盛第一次见到宫村是在 1970 年。那时，稻盛三十九岁，宫村四十八岁，当时正是京瓷准备于大阪证券交易所第二部上市的时候。稻盛正在为此物色一名值得信赖的监察法人。宫村就是合作的金融机构分店长推荐的人选。

“您打算如何进行监察工作呢?”

宫村平静地答道:

“以会计原理为准则,严格把关是我一贯的作风。有一些经营者觉得没这个必要,但我认为身为一名企业领导者,如果连最基本的要求都做不到,对投资人就太不公平了。所以,我绝对不会为无法严守规范的经营者担任监察人。”

“您说的要求正是我的经营准则,是我的经营理念。”

对稻盛的回应,宫村依然面无表情地说道:

“每一位来这的人都这么说。一旦经营状况恶化,不少人就立刻改口:‘您不用如此严格嘛’、‘这种事您就睁一只眼闭一只眼吧’……您该不会是这类人吧?”

在如此氛围下结束的第一次见面让稻盛给宫村贴上了一张“古怪”的标签。

不过,对方坚持的光明正大的监察方式深合稻盛的心意。最终稻盛还是将京瓷的监察人一职交给了宫村。而在了解了稻盛的人性化和通过正当手段来实践经营的理念之后,宫村亦为稻盛的人品所折服。在此后的二十年间,两人结为密友,无论公私都保持着密切的联系。

在这样一位密友的指责下,稻盛开始反思此事,并最终决定:

“放弃股权。”

下定决心后,心情豁然开朗。

现在,稻盛益发确信自己做了一个正确的决定。

第二电电的创立是为了降低国民的通信费用。这个大义不可掺杂任何为私之心。因此,股权不可受。虽然经营者获得公司股权是一件理所当然的事，并没有任何不妥，但要想贯彻“动机至善，私心了无”这一理念，就必须对自己严格要求，否则很有可能会招致别人的误解，也会使自己迷失本心。

数日后，为了纪念上市，第二电电给全体员工增发了半个月的工资作为特别奖金。

当日早会，稻盛向全体员工做了一次演讲：

“不用我说，大家也都知道现在的经济状况。不景气让不少企业在生死边缘苦苦挣扎。但在这样的一个环境下，第二电电却能够以前所未闻的速度在成立八年后就实现上市。这都是大家共同努力的结果。不过，大家也都知道，接下去第二电电要面对的可不是一帆风顺的坦途，而是波涛汹涌、疾风骤雨的航程。强敌 NTT 随时都有可能同我们兵戎相见，其他的新电电也在拼命缩短同我们之间的差距。因此，我希望每个人都能拿出主人公意识来，充分发挥自己的主观能动性，出创意、下工夫，迎接下面的挑战。”

台下，所有人都全神贯注地听着。

2. “凤凰计划”

“传说有一种鸟可以永生不死——凤凰，大家应该听说过吧？它是古代希腊罗马神话中的不死鸟——火鸟。传说每隔数百年凤凰便引火自燃，在一切被焚为灰烬之后获得新生。我们就是要做凤凰。要像不死鸟一样，在绝境中浴火重生！”

上市是一个阶段的结束，也是另一个阶段的开始。

强大的敌人随时有可能同我们兵戎相见——这一天转眼就来了。

9 月 7 日，NTT 向邮政大臣递交了大幅下调长途话费的申请。

新的收费标准将从 10 月 9 日开始实行。新标准的平均下调幅度为百分之二十一点四。超过一百六十公里的长距离通话日间话费由每三分钟二百日元下降至一百八十日元。三十公里以上的通话话费也各下调十到六十日元不等。

如此一来，NTT 在大部分长途通话业务上，推出了同第二电电一致或是低于第二电电的优惠价格。第二电电的价格优势不复存在。

NTT 的此次降价绝对可以称得上是一次壮士断腕般的反击。

NTT 在发表中提到，调价将使年度收益一口气减少二千七百亿日元。也就是说，到 1994 年 3 月结算时，正常利润将由原先预计的一千四百九十亿日元跌至负数。如果这个推算无误，该年支付给股东的股息就只能依靠留存盈余勉强维持。

即使如此，为了重新夺回在长途通话业务上被第二电电等新电电公司吸引走的客户，为了拿回原有的市场份额，NTT 大胆地采用了这个常识无法解释的价位。

第二日一早，第二电电召开紧急经营会议。

出席者有原三和银行的副行长、1988 年任第二电电外聘董事、1989 年 6 月就任社长的神田延佑，原邮政事务次官、1993 年 6 月就任第二电电副社长的奥山雄材及副社长金田，专务千本、藤田、青山，常务楢原、三野、日冲，董事下坂、片冈、小野寺、种野、木下等主要干部。

了解了 NTT 的反攻态势后，赶到会议室的众干部无不蹙紧眉头，面露凝重之色。

稻盛率先打破沉默：

“正如大家所知，实力和资金都远胜过我们的 NTT 现在打算背水一战，同我们一决高下。本来计划是趁着上市乘胜追击，但现在我们只能转攻为守了。这次会议的目的就是制定下一步的应对之策。请大家各抒己见，畅所欲言。”

稻盛环视全场，但目光所到之处皆是一片沉默。

“没有什么意见吗？种野君，好像你想说些什么吧？怎么样，有什么想法？”

“啊，这个……”

种野面露难色道：

“我想我们最好的办法就是降低通话费用，最好和 NTT 的新价位水准一致或是低于他们的水准。比如，NTT 超过一百六十公里的长距离通话日间话费由每三分钟二百日元下降至一百八十日元，那我们就降到一百七十日元。自第二电电开业以来，话费一直都比 NTT 低，这是我们的一大卖点。最好我们能够守住这个价格优势。但是……”

“但是很困难，是吧。”

“大幅降价的话，我们的收益也要大幅下滑了。”

“会降多少？”

“这个……”

“变更幅度不同，减收的程度也不一样。不过，绝对会让我们的收益出现赤字。”

木下替一时语噎的种野答道。

“如果按刚才种野君说的超一百六十公里的长距离通话一百七十日元来算，我们的总收入将减少百分之五。另外，NTT的新价位在八十公里至一百公里的通话话费上也比我们便宜，把这个费用也降下来的话，就要做好减收百分之二十的心理准备。如果降价从11月开始，那么今年的总收入将减少一百六十亿日元，也就是说一年损失四百亿日元。我们1993年3月结算的正常利润是二百四十亿日元，完全不够填这个坑。”

“你的意思是只要当前收益结构不变，我们就会入不敷出，是吗？”

对稻盛的问题，木下给出了肯定的答复。

“那么，我们就望财政赤字而止步了？眼睁睁地看着NTT夺走我们的客户，抢走我们的市场份额吗？这么一来，我们也逃不过亏损的结果。你们说呢？”

稻盛尖锐地质疑道。会场再度陷入了一阵尴尬的沉默。干部们紧紧地咬住下唇，一言不发。

“那我来提问好了。你们觉得话费下降到现在这个程度就可以了吗？我们已经达成降低国民通信费用的目标了？小野寺君，你说呢？”

“呃，还没有，我觉得应该还可以再低。”

“NTT接下去会怎么做？是止步于此，还是会继续下调话费？种野君。”

“我想，这应该不是终场。在未来某个时候 NTT 还是会继续下调的。”

“既然这样，我们要做的事就很明显了。第二电电的成立是为了降低日本通信费用。NTT 的话费下调也不会到此结束。所以，我们现下要做的就是下调话费，追上并赶超 NTT！”

“可是这样一来就出现赤字了啊。才刚刚上市……”

日冲犹豫着开口道。还有几人也抱着同样的顾虑。

稻盛耐心地解释道：

“确实，在现在的收益结构下，财政赤字是必然会出现的。但是，如果我们改善了收益结构呢？压缩经营支出、劳务支出以及其他的经常性支出，削减其中存在的各种无谓的浪费，降低成本，让我们即使调低话费也能够保证收支平衡。如果公司能拥有更为健康有力的体质的话，我们不仅能挡住 NTT 这次的凶猛反扑，还能在广阔的天空上飞得更高更远！”

激昂的演说没有起到稻盛期望的效果。

干部们依然是一脸僵硬、阴郁的表情。

“传说有一种鸟可以永生不死——凤凰，大家应该听说过吧？它是古代希腊罗马神话中的不死鸟——火鸟。传说每隔数百年凤凰便引火自燃，在一切被焚为灰烬之后获得新生。我们就是要做凤凰。要像不死鸟一样，在绝境中浴火重生！”

稻盛顿了顿，转头向身边的神田询问道：

“昨天第二电电是以六百五十万日元收盘，今天行情也不错，是这样吗？”

“是的。第二电电的上市价是五百五十万日元。但到昨天为止，这个价格已经涨到了六百五十万日元。昨天 NTT 发布的大幅下调话费的消息肯定会带来一些负面影响，但是，我们今天依然能以六百五十万日元的价位报收，购买者有增无减。看样子，股东和广大的股民对我们的发展及抗打击力有着很大的信心呢。”

“也就是说市面上普遍认为‘第二电电或许会被 NTT 的降价策略一时压制，但必定能够克服这个难关’，是这个意思吗？”

“我是这么认为的。”

“这么说……”

稻盛继续说道，

“大家对我们抱以厚望。你们打算辜负这份期望吗？浴火重生，用我们的方式回报股民、回报社会，这才是我们的使命！”

稻盛语气坚定地说道。

再次环视全场。可以发现先前阴沉的氛围已一扫而空，依然紧抿着嘴的众人的眼中开始出现熠熠的光芒。

“置之死地后浴火重生的凤凰吗？我觉得自己已经预见到那一刻了。”

种野满怀期望地感叹道。

小野寺也点点头，

“嗯，眼前一亮呢。”

“诸位，还等什么？动手吧！”

神田大声说道，

“把价格降下去，把盈利提上来，让第二电电回到成长的正轨上！”

“很好，就是这种气势。”

稻盛满意地笑道，

“重新拟定价位，开始压缩支出。彻底改变我们在经营支出、劳务支出以及其他所有支出上的原有思维方式和工作方式。要把成本给减一半！这次作战就叫‘凤凰计划’！”

紧急会议结束的同时，凤凰计划开始启动。

社长神田率领的团队马上就拿出了成本削减计划，拟出了计划目标。这一方案立刻被呈交给了稻盛。

“第一，我们打算将长途电话及专有电话等固定通话的营业费削减百分之五十。具体计划是：将获新客户签约、增设适配器时支付代理点的提成及适配器装设等可变费用减半。将下半年为促销活动、宣传册印刷支付的二十八亿六千万日元削减百分之三十，就是八亿六千万日元。关于地方广告宣传费，也要削减四亿三千万日元。还有劳务费用……”

神田翻过一页资料，继续道，

“劳务费用主要削减对象是加班费用。现在公司每个月加班费的支出是一亿四千万日元。如果能提高工作效率，压缩加班时间的话，可以把这笔支出减少百分之三十，也就是四千二百万日元。另外，为了应对长途电话业务申请，我们还有一笔雇用派遣员工及业务委托的费用，预计四十四亿五千万日元，我们打算将它削减百分之十。加上交通费、出差补贴、文具用品购买等零碎的费用的削减，一个月的削减目标为一亿日元。如果可以做到的话，下半年我们就能省出六亿日元了。”

“按这个计划走，我们的盈利会有什么变化?”

“现在，上半年的盈利是一百三十亿日元。我算了一下，下半年应该能保证一百亿日元的正常盈利。这样的话一年的盈利就是二百三十亿日元。如果凤凰计划能够实现，第二电电的年盈利额就可以保证在二百亿日元左右。”

“再加把劲，就可以赶上前期的盈利了啊。”

“确实是。”

“好，一定要完成计划。面对股民和大众对第二电电的信任，我们有义务去满足这份期待。在执行凤凰计划的时候，我希望把这个觉悟以及下面将提到的两点一同贯彻下去。”

“是。”

“一是关于营业费减半的问题。减半仅仅是费用减半，不是营业工作也减半。这一点希望大家每个人都能铭记在心。在削减一半营业经费的情况下，有效利用剩下的那半营业经费，提高营业效率——这才是我们的根本目的。另一点是削减合作代理店佣金时我方的态度问题。这是一个不得已而为之的举措。可能会有代理店因此终止同我们合作。我们没有必要心中对此有愧，但也不要把第二电电的利益之类的话挂在嘴边，这很容易招人反感。互相体谅，通过有理有据的谈判去说服对方。我希望大家能做到这两点。”

神田点头应下。

凤凰计划进入了实战阶段。

为了实现既定目标，社长神田率领着第二电电的经营团队及一众干部开始推行新的经费支出方式。

计划并没有立刻显现出它的成效，而执行工作又碰到了不少困难。同代理店的交涉陷入了僵局，加班也毫无减少的趋势。

从 1989 年 3 月结算以来，第二电电一直保持着收益增长的态势。其直属员工数达两千七百余人。要想在这样一种增长获益的氛围下，颠覆被众人认同的扩张至上的观念，这绝不是一件容易的事。

11 月，第二电电长途电话话费全面下调。超过一百六十公里的长途话费调至一百七十日元，低 NTT 十日元。八十公里至一百公里等原高于 NTT 的收费项目则降至 NTT 的价位。

这一举措使得第二电电的收益状况益发严峻。

11 月，第二电电的月结算出现赤字。第二电电一直维持着的增收业绩出现了一个大大的转折。

次月，神田离职，奥山雄材接任第二电电社长一职。

奥山于 1954 年进入邮政省，曾任通信政策局局长、电气通信局局长等职。1988 年出任邮政事务次官。1993 年，退休后"下凡"至下属团体的奥山在稻盛的邀请下，以顾问的身份加入了第二电电。

接下神田担子的奥山继续推行凤凰计划。然而，在这个时候，公司内却出现了反对成本削减的声音。

接任社长后不久，奥山接到了一个来自营业部的电话，对方表示"迫切地希望能同您谈一谈"。

来到社长室的营业部员工一脸无法苟同的表情，开门见山地要求"撤销营销经费减半的计划，或者就把我的团队撤出这个计划范围。"

"这怎么可能，我们要一视同仁。"

"可是费用削减一半，我们能干什么呢。就拿付给代理店的佣金来说。我们同代理店有非常好的合作关系，这直接关系到公司的业绩。现在我们不是在主动疏远自己的合作伙伴么？这会起反效果的。”

“我理解你想要说的。不过你注意到了么，付给代理店的佣金过高不是我们一家的问题，整个通信业都存在这个现象。这种畸形的状态必须纠正。”

“可是……”

“不论你说什么既定方针是不会变的。不下定决心抓成本，我们公司就没有未来可言。”

“过于计较成本，会扼杀我们的冒险精神。”

“没有这回事。冒险精神是勇于挑战，它跟花钱如流水是两码事。拿出你真正的冒险精神来执行凤凰计划。这是命令！”

奥山加大了凤凰计划的执行力度。削减营业费用、压缩加班时间，全力以赴地消灭任何可能存在的浪费。

这个计划，奥山可以说是费尽了心思、投入了十二分的热情。这股动力从何而来？来自一名经营者的使命感，来自对稻盛知遇之恩的感激之情。

接到稻盛邀请电话是在 1992 年。“你能来第二电电吗？”当听到这句邀请时，奥山不假思索地立刻答道：“不胜荣幸。”稻盛是在担任邮政省电气通信技术审议会委员时认识奥山的。奥山对稻盛杰出的经营手腕及人品极为敬服。而稻盛也对奥山给出了“不具有官僚式思维的官员”的高评价。

然而，天有不测风云。就在加盟第二电电前夕，奥山突然病倒。

奥山遂给稻盛寄去了一封辞职信：

“非常感谢您能邀请我，这是我的荣幸。但是现在我因病倒下，实在无力承担这一重责。非常遗憾，请允许我在此提出辞呈……”

稻盛是如此回复的：

“我等你。当前你专心治病就好了。”

按照原先的计划，奥山在病愈之后进入了第二电电。

一句“我等你”给了自己一个能够一展所长的机会。面对这份知遇之恩，奥山暗暗下定决心，一定要竭尽全力让第二电电重回正轨。

努力终于初见成效。第二电电在 1994 年的 3 月结算时终于摆脱了赤字危机。

但同时，全年结算首次出现了减收。第二电电的收益比前年减少了百分之六点七五，只有三百亿四千七百万日元。正常利润同比减少百分之六点零一，为二百二十六亿三千九百万日元。

亲自前往稻盛办公室汇报的奥山在解释完结算数据后，向稻盛挑明了自己的想法：

“没有拿出好成绩真的是非常遗憾。神田君在位时连续四年一直保持着增收的业绩，而我就任的第一年第二电电就出现减收，公司里都有人私下管我叫穷神。嗯，没办法，我会虚心接受的。”

“穷神有点过分呐。”

打趣完奥山的稻盛脸色一肃，随即问道，

“接下来你打算怎么办？”

“继续凤凰计划。实际上我认为计划到今年才出了点成效。去年，明里暗里都有不少干部觉得‘过于计较成本会扼杀我们的冒险精神’，他们的想法是‘迎接新的挑战就应该保证充足的金钱供应，这才是冒险。’不过，这种观点现在已经在慢慢转变了。大家都已经开始有意识地约束这种浪费行为了。比如，负责网络中心及信号塔建设的片冈增美君的团队。在进行网络中心和基站的锄草作业时，他们说与其花钱雇用工人还不如自己动手把这笔费用节省下来。这种意识就非常好，下一步我打算重点抓资金投放。要明确哪里应重点投资，哪里是可以节省下来的。”

“嗯，说得很好。”

稻盛满意地点点头，

“节约资源，有效地利用资金，这正是凤凰计划的精髓。在推行计划的时候，这个可以做一个参考。”

稻盛指着财务报表说道，

“无论多忙，我都会挤出时间去仔细看它。这个习惯可能你也知道吧。为什么要这么做呢？因为公司的数据，尤其是会计统计的数据能够如实地反映公司的现状。对我来说，决算书不是一组组数字的排列，它用自己的语言向你讲述一个名叫‘我就是这样的一家公司’的故事。反过来说，如果你不能准确地解读这些数字，那就是一个不合格的经营者。这一期第二电电的决算书也是如此，它用数字描述了我们公司的健康状态和征兆。”

奥山手拿报表，认真地听着。

“事实上这一次的财务报表就告诉了我们一个非常重要的

消息。在第二电电减收的情况下，合并报表却显示销售额、正常利润都处在良好的上升状态。你不觉得这很有意思吗？”

“呃，您看出了什么？”

“现在市场正在由固定电话时代转向蜂窝电话时代——也就是移动电话的时代。同长途电话、专有电话业务停滞不前的情况形成鲜明对照的是可携带电话事业的高歌猛进。正是可携带电话的成长支撑起我们的整体获益！看一下八家蜂窝电话公司的业绩。1992 年 3 月结算，销售额一千零二十一亿日元，正常利润一百五十五亿日元。1994 年 3 月结算，销售额一千二百三十五亿日元，正常利润为二百一十七亿日元，营业利益率是百分之十七点五。”

“这个信息有给你什么启发吗？”

奥山猛然醒悟：

“重点投资！把资金从固定电话事业转到可携带电话事业上，有针对地投资高收益的项目……”

“很好！我想今后固定电话的成长速度仅会比国内生产总值的增长率高上那么一点点。要想回到之前的高收益状态，得把我们有限的资金投到该投的地方。比如，可携带电话。”

“固定电话的负责人肯定要跳脚了。特别是种野，他绝对不会同意的。”

“没办法。他必须接受这个事实。”

奥山赞同地点了点头。

在奥山的指挥下，第二电电的凤凰计划进展顺利。削减营业经费、压缩加班费用、减少其他经费支出等一系列的节源举措使第二电电每月节省开支六十到七十亿日元。同时，公司调整了投资方向，固定电话的投资严密受控，可携带电话的投资却以千亿单位来计算。

可携带电话事业的高速成长也使第二电电在代理店佣金问题的交涉上获得了主动权。

“虽然我们不得不下调长途电话的佣金。但是您看看，现在我们的可携带电话事业的成长态势多么喜人。继续同我们合作，对您将来的发展绝对是大有助益的。”

用这个理由一劝，往往总能取得令人满意的结果。

1995 年 3 月结算，第二电电单独结算的销售额比去年增长了百分之二十八点七，达到三千七百七十八亿六千八百万日元；营业利润同比增长了百分之十九点六，为三百五十九亿六千二百万日元，正常利润同比增长了百分之二十九点六，最终达到二百九十三亿四千七百万日元。

加上各蜂窝电话公司的收益，第二电电集团的总销售额为五千一百零三亿九千一百万日元，比前年增长百分之三十四点九；营业利润为七百九十四亿四千六百万日元，比前年增长了百分之二十二点一；正常利润则同比增长了百分之三十二点二，达到六百八十七亿五千八百万日元。

第二电电重新回到了高收益公司的明星队伍中。

3．活用京瓷的管理会计制度

第二电电管理会计制度的母本是京瓷的管理会计

制度。后者在这一领域享有盛誉。

看着一组组显示着第二电电浴火重生的统计数据，经营管理部的两角宽文心中涌起一股难以言状的成就感。

凤凰计划的成功同两角等经营管理部的成员们负责的管理会计制度密不可分。

不过分地说，正是因为管理会计制度的存在，凤凰计划才能诞生并被执行。

比如最初提出的经营费用减半的目标。如果没有管理会计制度，管理者就无法确定到底该削减经营费用中的哪个项目，也无法确定到底该削减多少经费。管理会计制度还能够根据数据提前作出预测。如果没有管理会计制度，管理者就不会接到“本月收益为负”的预警，从而迅速采取措施避免这一情况的发生。如果没有管理会计制度，就得花上数倍的时间去计算下调长途电话费使第二电电的收支出现的恶化。

换句话说，NTT 或任何一家新电电都不可能确立并实行凤凰计划。因为 NTT 及其他的新电电采用的是普通会计制度。一般的会计制度就算是拿着数据也不能告诉你这个月到底是亏还是赚。

第二电电管理会计制度的母本正是京瓷的管理会计制度。后者在这一领域享有盛誉。

该制度以日为单位收集各部门为创造收入需要投入的各种费用的详细数字，并将数据转交给各部门负责人。如此一来，负责人就可以即时把握自己部门的最新动态。

同时，按照部门、总部的组织等级划分进行统计，最终得到可以反映公司整体状况的数据。公司的经营团队会根据这些数据实时把握经营动态，调整经营策略。

凤凰计划中“下半年为促销活动、宣传册印刷支付的二十八亿六千万日元削减百分之三十，即削减八亿六千万日元”，“将每个月全公司一亿四千万的加班费减少百分之三十，也就是四千二百万日元”等细致明确的目标，全部是以管理会计制度统计的数据为依据来制定的。

了解管理会计制度后，两角就对创造出管理会计制度并将其发展到今天这种程度的稻盛及其他先行者佩服得五体投地。

稻盛的观点是：“没有把握公司状态的数据，我们就无法下达正确的指示。”基于这一理论，第二电电下达了创建管理会计制度的命令。在第二电电开始长途电话业务的 1987 年，两角等人接到指示，开始着手组建第二电电的管理会计制度。

从那时开始，两角等人耗时近十年，经历多次失败，在反复试验下终于构建起现在的会计制度的雏形。在此后的日子里，两角等人不断对这一制度进行细致的完善，这种做法一直延续到现在。

两角离开一直为之效力的先锋公司转入第二电电的时候正好是第二电电开始创立管理会计制度的 1987 年。

三十一岁的两角正是年富力强的时候，在先锋的会计经验使他进入了第二电电的会计部。

一周后，两角被调入经营管理部。

经营管理部是在稻盛指示下设立的一个重要部门。职责是以京瓷的管理会计制度为母本，为第二电电量身打造一个适合自己的会计制度，并编写该制度的运用规则。

经营管理部的部门负责人是熟悉京瓷管理会计制度的第二电电专务青山令道。部长饭开利秋及课长波多江彻也都是来自京瓷的老人。

京瓷的管理会计制度又称阿米巴。是由稻盛提出，青山等人完成的一种新式管理体制。

新入职的两角马上就接到了稻盛的命令：

“我已经在京瓷那边打过招呼了，你直接过去。去学一下京瓷的管理会计方法及企业理念。”

于是，两角来到京都山科，开始在京瓷经营管理总部接受培训。“全员参与”、“明确目标”、“每日核算”等核算管理方式的基础概念在教导人员的再三强调下给两角留下了深刻的印象。

从京都返回后，两角就接到了青山布置的任务——“从现在开始，每天进行核算统计”。

“每天早上你早点过来。将前一天长途电话销售额的统计发给各部门。从周一到周日，每一天的销售额数据都要收集。通过这些数据试着把握一周中每一天的销售动向、每个月的销售变化。然后按月制定销售计划，看一看最终这个计划同实际有多大的差距。把最终统计的结果再反馈给各个部门。”

青山想了想，补充道：

“要求每个部门的负责人掌握该部门的每日核算数据。这样可以让他们注意到这些数据，注意到这些数据代表的信息。

渐渐地确立按照部门进行数据核算的管理方式。”

这种管理体制在先锋可从未见过。两角一方面惊讶于青山讲述的管理方式，另一方面对每日数据收集的重要性有了更深刻的认识。

时间飞逝，转眼到了1988年。第二电电的管理会计制度终于进入了正式建设阶段。

目标是确立起能保证“全员参与经营”的各部门的核算管理制度。

首先，将公司细分为一个个可以独立核算的部门。划分标准一，各部门必须有明确的收入，以部门为单位能够计算出取得收入需要的成本，也就是说部门要能够进行独立的核算。标准二，该部门承担的工作是可以从整体中独立出来的。两角等人按照青山的吩咐，在分析了公司所有的工作流程后，将长途电话业务的营销部、分散于全国各地的分店、营业所等不同组织分解成一个个可以进行独立核算管理的最小单位，即“部门”。

接着，对各部门的收入、获得收入需要的投入进行分类。

核算的分类比一般的财务报表所涉及的科目更为详细。比如营业支出，营业支出需要细分为支付给代理店的佣金、促销宣传册的制作费用及印刷费用等等。在有房租支出的时候，甚至要按总公司及各地分店、营业所房屋的面积大小分摊这笔支出。

最后，每日将所有的数据整理成非会计专业人士也能一目了然的部门核算表，反馈给各部门的负责人。

如此一来，各部门的负责人就可以确实并即时地把握各部门的经营状况，本着“以最小成本取得最好业绩，最大化利益”的原理和原则进行各部门的成本管理。

然而，本应顺利的计划却遇上了大麻烦。

计划启动后，两角等人才注意到作为母本的京瓷管理会计制度的成本结构同第二电电迥然不同。

作为一家制造厂商，京瓷的设备折旧费等固定费用只占总支出的一小部分，绝大部分的成本取决于消耗在制造品原材料上的费用。而作为装置产业的电信服务商，第二电电不仅在设备上耗的成本很多，在为赢得顾客而进行各种运作上的营销费用也同样巨大。

新的管理会计制度必须进行改动。收入及支出的科目需要重新制定，各部门所对应的各项费用也需要重新分配。

于是，两角等人不得不针对第二电电的成本结构进行彻底的分析，拟定改动计划：将公司的管理费用分为总管理费用及各部门管理费用两个层次，再将总管理费用分为“包括税及借款利息等经营支出”、“包括通信设备折旧费等电信网络的运营支出”及“广告宣传费”等几个具体项目。

第二年，两角等人开始对部门管理费用的分类及分配进行修改。首先，从每月的会计数据中提取出属于各部门管理费用并将其反馈给部门负责人。接着，要求各部门设置经费管理人一职，负责对该部门每月的支出进行预估。

两角等人则在此基础上，按照稻盛给出的方向和建议重新开始第二电电管理会计制度的草创。在一次次的否决和修正中，一个越来越接近第二电电实际经营和组织状态的制度逐渐成形。

在制度的制定中，稻盛经常强调一点：

“准确地分配并归类各部门的支出是实现各部门核算管理的重要条件。如果一个部门被分配到了一个自己无法把握并管理的项目，那么核算管理制度给出的数据对这个部门来说就失去了意义。不仅派不上用场，还很有可能误导经营方向。”

不少部门常常会对分配给自己的支出项目表示抗议：“这个怎么会分配到我们这儿呢?”

稻盛要求经营管理部的成员，每听到这样的抱怨都不得懈怠，要重新核查验证这笔支出的分配，在必要的情况下对其进行修正。

“就算你们朝令夕改也没有关系，只要能让这个制度更合理就行。或许会有人觉得制度的变化过于频繁，这没关系。但如果战斗在一线的部门不能把握核算制度，对公司经营来说就是个麻烦了。”

支出的归类、分配并不是建立管理会计制度唯一的麻烦。实际上收入问题也令管理会计部颇为头疼。尤其是话费收入的分配。

如果第二电电是一家厂商，那么收入问题就很好划分了。举例来说，比如东北支店的销售所得当然是属于东北支店的收入。而东京工厂在货品出产时获得的收入则属于东京工厂。

可第二电电是一家电信公司，这给收入划分带来了不小的麻烦。比如说，电话由东北打至东京，它所产生的话费收入到底是应该划归于东北支店，还是应该分配给东京支店呢?

对于这个问题，稻盛考虑再三后给出了一个建议：“将收入算在拨出地的营业所名下。”即电话由东北打至东京的情况下，该电话的收入视为东北支店的营业所得。

确保成果由实际负责营业的一方获得是稻盛这个决定的核心。第二电电要想获得某通电话的收入，拨打方使用的必须是第二电电的交换器。交换器的使用就是拨打方所在地支店的营业成果。

如果是东京同大阪间专有线路的情况，收入分配则需要考虑东京、大阪支店对该单业务的贡献，按贡献大小或对半或七三进行分配。

经营管理部的成员在青山的带领下摸索适合第二电电的管理会计制度的同时，也采取各种方式来普及分部门核算的管理意识。

比如，管理会计部门会每个月在总部召开核算会议。

全体干部需列席会议。大家以公司的核算实情及对其的把握为基础，讨论核算管理中存在的问题和待解决的任务。

不仅在总公司召开核算会议。管理会计部门的成员也前往各个分店，召开以分店长、各营业所所长、网络中心的负责人为对象的核算讨论会。部门负责人也不例外，为了普及管理会计制度，青山也经常一日福冈、一日广岛地四方奔波。

青山满怀热忱地宣布：

“一旦部门核算管理制度走上正轨，‘确立并实现目标’将由身为部门管理人的各位来把握。诸位可以参考反馈的收入和开支来预测下个月的收入以及为了获得预计的收入需要在何时支出多少的花费。请各位每个月都制定一份销售和支出的预案。并最终拿出一份年销额和年度支出的预案。可以吗?”

部门负责人咽了咽唾沫，接着听下去。

“大家将自己定的目标同每天的实际完成额进行对比，把握经营状况。这样一来，我们随时都可以进行有针对性的调整。没有达成预定销售额时就主动采取措施保证销售额，支出过大时就严格控制费用。这样一个制度运营下去，会给我们带来什么？即使一个极小的部门，一旦获得一定的经营自主权，主人公意识会在无形中被培育起来。为了提高部门业绩，会主动地开动脑筋想创意，积极地迎接挑战。提高每个人参与经营的积极性就是部门核算管理会计制度的目标！”

青山紧接着继续说道，

“要成功运营这个制度，需要什么呢？需要准确地更新各部门每日的收支状况。如果没有准确的数据作支撑，不论制度多么优越，部门核算管理都无法起到应有的作用。因此，以各位为首的团体需要准确并彻底地执行这一制度。产生任何开支或收入都必须马上记录。为了确保没有输入上的错误、遗漏、篡改，二次核查必不可少。”

已经过了预定的时间，但讨论会依然在继续……

然而，工作远没有结束。

1989 年 7 月，关西蜂窝电话开始营业。除固定电话外，第二电电的业务又加上了可携带电话。

对两角等人来说，这意味着除固定电话业务外，管理会计部还需要着手构建可携带电话事业的核算制度。从 1994 年起，在可携带电话事业上，第二电电采用了新的经营模式，这就是以低价销售末端的方式来扩大用户群，然后通过基本话费和每月的通话费来弥补末端销售时产生的收支赤字并提高总体收益。

这同固定电话采用的手法及思考方式有极大的出入。于是，管理会计部又必须为可携带电话事业量身打造一个新的核算管理制度。

就此事，两角等人征询稻盛的意见。

稻盛的答复是：

“仔细想来，我们可以把可携带电话事业拆分成三个部分，一是移动电话终端的销售，二是吸纳新用户的营销活动，三是通话网络的经营。我们可以将三个部分进一步分解，计算收支，使它们能够被纳入核算管理系统。要记住，如果我们只是把事业视为一个整体的话，就无法知道自己成于何处，败于何处。”

两角等人按照稻盛的建议将可携带电话事业拆分成三个部分。将移动电话终端销售的收支列入“终端销售核算”项目，营销活动中的财务变更列入“一次性合约费核算”项目，通话事业列入“网络运营核算”项目。之后，再用管理核算的方式构建各个项目。

此时采用的管理核算方式必须能够反映可携带电话的新经营模式。在吸纳新用户的营销部分，应该是新用户增加得越多，一次性合约费核算中的亏空越大。只有这样，才能反映出用户签约时送出的终端的支出。与此同时，随着用户群的扩大，通话量的增加，“网络运营核算”的收益则不断增加。

由此可以看出，可携带电话事业最关键的问题就是“网络运营核算”的收益要提高到什么程度才能填补“一次性合约费核算”项目中的亏空？也就是到底要把“网络运营核算”的收益提高多少？

两角终于从往事中回过神来。

过去终是过去。而将来，两角相信，日趋完善的部门管理制度必将发挥出更大的作用。

第六章

舍小异，求大同

1. NTT 的“拆分”

一家史无前例的巨型企业竟然诞生于重组之后，或许可以作为“塞翁失马，焉知非福”的另一种解释。对包括第二电电在内的新电电来说，这就意味着今后更加不平等的竞争环境。

1996 年春——

以规定通信自由化及电电公社民营化的电气通信事业法为开端的日本通信革命迎来了一次重要的转折。

NTT 分割分解的既定路线再一次引起争端。

根据第二次临时行政调查会即土光临调 1982 年的基本纲要所制定的政府方针，为了确保公正的竞争条件，需要在民营化的基础上进一步将 NTT 拆分为长途电话及本地电话。

对这一改革方向，官方也曾作出公开的承诺。1990 年 3 月，邮政省电气通信审议会会长丰田英二根据 1985 年实行的电气通信事业法的“五年后再次修改 NTT 的经营形态”的规定，提交了“1995 年度分解 NTT 长途电话及本地电话业务”的计划纲要。

到了 1996 年 2 月，电气通信审议会会长那须翔再次发表声明，重申了 NTT 拆分为长途电话及本地电话的计划纲要，并要求政府对 NTT 现有经营形态“在 1996 年 3 月末前得出结论”。

政府经过一番高谈阔论后毫不犹豫地否定了电气通信审议

会的意见，表示“NTT 拆分案须慎重考虑，1996 年 3 月末前下最终结论过于草率”。执政三党——自民党、社会党、先驱新党各自有着自己的打算，他们认为“大选迫在眉睫，拆分 NTT 之类麻烦的问题还是容后再议的好”。这一畏难心态打乱了酝酿已久的 NTT 改革步伐。

而且，执政党举行的专家听证会邀请的多是对 NTT 拆分持反对意见的人士，其更改电气通信审议会基本纲要的企图昭然若揭。

对此，反对人士振振有词地解释：

“这数年间，通信业的大环境发生了巨大的变化，国际竞争力越发重要。在这种情况下，削弱 NTT 国际竞争力、技术开发力的拆分方案并不明智。并且，原来不存在竞争的本地通话领域也出现了有线电视公司、小灵通等竞争者，竞争环境也出现了变化。总之，1990 年发表的电气通信审议会的基本纲要已经不适于现在的状况了，它不具有实际意义。”

虽然对反对人士的解释感到别扭，但稻盛依然密切关注整个事态的进展，关注反对人士提出的种种借口。

无论从什么角度来看，反对论所说的只是诡辩之词。

反对论认为拆分会大大降低日本在电信市场上的国际竞争力，但 NTT 有所谓的国际竞争力吗？NTT 开发的交换器及网络系统有在世界市场上广受好评，得到大力推广么？答案是否定的。不论在移动通信还是在情报网络领域，NTT 开发的技术模式从来都只被称作 NTT 模式，同世界市场的统一标准相去甚远。当然，它也从未通用于国际市场。在海外通信设备厂商眼中，NTT 模式更是被视为进军日本市场的一大阻碍。

以CATV、PHS的出现为依据，认定本地通话市场已出现竞争的理由也缺乏可靠性。虽然邮政省已明确允许了除电视广播外，CATV可在通信领域利用的方针，但实际利用率的低迷让CATV根本发挥不出一个通信网络的功能。而PHS业务更不可能成为NTT的竞争对手。首先，PHS刚刚面市，它的竞争力尚待验证。其次，通过综合业务数字网，PHS的通信完全成为NTT本地通信网的一部分。就算PHS的利用率不断上升，NTT本地电话的收益也照样能水涨船高。这其中不存在竞争关系。

即使反对方只拿出这样一个破绽百出的理由，执政党对拆分案依然态度暧昧。其中的奥妙在于来自NTT及NTT工会全国电气通信劳动组合的政治影响。作为联合执政党之一的社会党的头号支持者全电通从1985年电电公社民营化被提上日程起就表明了维护公司完整、赞成民营化、反对拆分的态度。同时，他们也试图通过其政治影响力达成这一目的。实际上，他们确实阻止并拖延了NTT的拆分进程。

“这样下去不公平的状况不会有任何改善。”

稻盛心有不甘。

第二电电成立的十多年来，稻盛等人一直被迫面对不公平的竞争条件。如果NTT在实现民营化的同时完成公司拆分的话，主营长途电话的第二电电就只需面对NTT的一部分，即从中分离出来的长途电话公司。

然而，拆分案没有实现，NTT最终以一家兼营长途本地电话业务、营业额达六兆日元、拥有员工二十余万的巨型垄断企业的形象开始了它与无奈的新电电们的竞争之路。

当然，不公平不仅仅体现在悬殊的实力上。第二电电为开通固话业务，必须接拨 NTT 的本地电话网络，必须为此向 NTT 支付一笔高额的接拨费用。1994 年，该笔费用为一千三百七十亿日元，超过该年度第二电电固话收入的三分之一。

如果能够顺利地完成拆分，分别成立长途电话公司及本地通话公司的话，这个情况就能得到改善——稻盛一直如此认为并期待着。

可惜，现在的形势朝着令人担忧的方向不断恶化。

1996 年末，在稻盛所有预计中最糟糕的一种情况变成了现实。电气通信审议会提交的计划没有实现 NTT 的拆分，NTT 最终经营形态将由自民党来裁定。

12 月 6 日，自民党最终裁定成立持股形式的 NTT 股份有限公司来统筹全局，实行一体化经营。

政府发表声明称，以 1999 年 7 月为限，NTT 的本地通话事业将分别由东日本电信电话及西日本电信电话承担。另设立 NTT Communications 继续负责长途通信事业。在当前 NTT Communications 已完成民营化的情况下，将进一步开放国际长途电话市场。

从表面看来，这种做法似乎是完成了 NTT 长途电话及多家本地电话业务的拆分。但事实上，这种拆分仅停留于表面。

果然，NTT 以持股公司的身份，将东日本电信电话、西日本电信电话、NTT Communications 收入伞下，继续维持对各项事业的掌控。

之后，NTT 持股公司又相继收纳了 1992 年成立的主营可携带电话事业的子公司 NTT 移动通信网（现 NTT DoCoMo）和

1998 年成立的主营企业数据通信事业的子公司 NTT 数据通信（现 NTT DATA）。

这意味着此次重组不仅没有拆分 NTT，还帮助 NTT 进一步扩大了业务范围和内容，巩固了一体化经营。一家史无前例的巨型企业竟然诞生于重组之后，或许可以作为“塞翁失马，焉知非福”的另一种解释。

对包括第二电电在内的新电电来说，这就意味着今后更加不平等的竞争环境。

1996 年 12 月 17 日，来到第二电电总公司的稻盛同社长奥山在会长室碰头。这段时间，奥山对 NTT 拆分案的走向以及在其影响下今后电信业界的动向做了仔细的研究。稻盛要在奥山提供的信息基础上对第二电电今后的经营方针做出指示。

“最糟糕的政治性裁定。”

走进会长室的奥山僵着脸说道。

“谁说不是呢。”

稻盛也郁气难平。

1985 年电气通信事业法为日本通信革命拉开了序幕，让通信业界发生了翻天覆地的变化。然而，NTT 通过一体化经营逆大势而行，彻底打乱了变革的进程。

严格说来，NTT 持股公司的成立并不符合法律规定（1997 年反垄断法修改后，才解除了对持股公司的限制）。自民党的裁定是对遵法精神的一种践踏。

“裁定一下，通信业的格局要大变了。”

“肯定的。NTT 持股公司的一体化经营和国际电信电话公司（KDD）法的废止都不是小事。前者让 NTT 更加强大，后者撤销了国内外的通信屏障。现在，KDD 可以参与国内通信市场，而其余的通信公司也可以进入国际通信市场。据说，NTT Communications 已经明确表示进军国际通信市场的意向了。我想，接下来通信市场的竞争会更加激烈。会有越来越多的企业开始担忧自己的生存问题。通信市场的流动性将大大提高。”

“这个动向一旦变成现实……”

稻盛半是自言自语地说道，

“去年，在 NTT 的经营形态问题被重新提上议程的时候，业内就已隐隐出现重新洗牌的征兆了。我想今后这个趋势会益发明显。”

“那现在我们该怎么做?”

奥山探出身子关注道。

稻盛平静地答道：

“稳固经营基础，我之前就一直强调这一点。无论在什么情况下，这对我们都至关重要。另外，我们还要做一件事，搅起这场洗牌漩涡。”

“搅起漩涡？让我们自己做风暴中心?”

“没错。一体化经营进程的加快壮大了 NTT。为了同这样一个竞争对手对抗，第二电电需要一个强力的联盟。不是有人表示过这种意向么，就先从他们开始交涉合作事宜吧。”

“是 Global One 和日本国际通信吧。”

奥山列出曾向第二电电表达过合作意向的两家公司。

Global One 是美国新电电公司斯普林特同法国电信及德国电信共同出资成立的国际联盟。今年 2 月，Global One 成立专营国际电话业务的 Global One · Japan。

斯普林特一直在寻找海外合作伙伴。今年 5 月，斯普林特的 CEO 威廉 · 埃斯雷亲自来到第二电电，同稻盛交换了对通信业界未来的看法。

奥山提到的另一家公司——日本国际通信是一家于 1986 年成立的以国际通信为主营业务的新电电公司。

虽然日本国际通信有住友商事、三菱商事、三井物产、松下电器产业等知名企业的出资参股，但在仅有国内电话市场二十五分之一大小的国际电话市场内，既要同老手 KDD 竞争，还要和同为新电电的国际数字通信相斗，经营之艰巨不难想象。

于是，当得知 NTT 集团还要在这个市场中占一份额时，日本国际通信感到了前所未有的危机。就在昨日，日本国际通信的社长找到了稻盛、奥山，坦率而意味深长地表示："对我们这样国际电话领域的新电电来说，未来已没有光明可言。非常希望稻盛会长能给我们指一条明路。"

"看着吧。我们同 Global One 或者日本国际通信进行接触的时候，业内肯定会传出风声，KDD 那几家公司绝对会有所动作的。而其他几家新电电，不论是日本 Telecom 还是日本高速通信，现在是疑心最重的时候，望风而动是肯定的。这段时间你一定要盯紧了，一有动静马上来告诉我。"

稻盛停下话头，顿了顿接着说道，

"另外，还有一件事要你去做。跟我们现在讨论的也有点关系，就是合作合并谈判一事。本来这事应该同董事们商量后再动手。但这次实在是事关重大，我们要秘密进行，不能让太多人知道。所以我希望你能说服牛尾电机的牛尾、西科姆的饭田等人，告诉他们：‘请把这件事全权交给第二电电。要是媒体突然曝出什么消息，无需在意。’”

“明白。”

奥山答道。

2. 盟友的选择

“抱歉，就当我们没有谈过这件事吧。”1997 年 9 月 4 日，第二电电结束了同国际电信电话公司的谈判。

按照稻盛的指示，奥山开始秘密同 Global One 和日本国际通信进行接触。

然而，随着交涉的深入，公司状况和双方的目的越发明确时，奥山意识到事情不像想象中的那么容易。Global One 和日本国际通信的主要出资方对此事态度各异的同时，两家公司也打着各自的算盘。

为争取同 Global One 合作，在斯普林特总裁埃斯雷来访后，稻盛也先后于 1996 年 7 月及 9 月前往美国、法国和德国，分别拜访了 Global One 的 CEO、德国电信的总裁以及法国电信的会长。

德国电信总裁和法国电信的会长都对稻盛的经营理念与业绩肃然起敬。法国电信的会长更是当面表达了自己的敬佩之意：

“到目前为止我见过不少日本经营者，但让我一见如故的只有稻盛先生一人”。

可是，在实际负责人层次的交涉中，奥山发现斯普林特实际只是希望让第二电电成为 Global One · Japan 的本地代理商。眼下，斯普林特经营状况不佳，同法国电信及德国电信之间也是矛盾不断，利用第二电电减轻压力确实是对其最为有利的做法。

日本国际通信的情况从某种程度上来说比 Global One 更加糟糕。

日本国际通信的社长对稻盛寄予厚望，极力主张同第二电电合并。但日本国际通信的大股东三菱商事、住友商事及松下电器产业则希望日本国际通信归入日本 Telecom 旗下。就算是一社之长，面对股东们的压力也不可能一意孤行。

不过，日本国际通信大股东的代表们依然频繁地约见第二电电，不停地延长谈判时间，企图利用第二电电同日本 Telecom 讨价还价。

1997 年 2 月，奥山向稻盛汇报迄今为止的谈判进展。

听完介绍的稻盛闭起双眼，思索片刻，问道：

“日本国际通信一直都是瞄准日本 Telecom 吗？”

奥山点头回道：

“日本国际通信的社长一心想要同我们合作，但是他的想法左右不了股东。虽然那位社长表示他会统一意见，不过我看够呛。”

“真是遗憾，那么日本国际通信的事就到此为止吧。”

"是。"

"Global One 的话，你列一张我们关心的问题送过去，等他们的回应出来以后再说。如果他们没有给出合理的解释，那交涉也不用继续了。"

最终，Global One 一方还是没有给出令稻盛认同的明确解释。继日本国际通信之后，同 Global One 的谈判也走向破裂。

仿佛就等着第二电电撤出谈判一般，就在 1997 年 3 月 12 日，日本 Telecom 同日本国际通信正式发布了两家合并的声明。

声明称，以 1997 年 10 月为期，以日本国际通信并入日本 Telecom 的方式成立一家新公司。新公司属于日本 Telecom，公司名依然为日本 Telecom。具体的合并比率尚未确定，但很有可能是日本国际通信十二股换日本 Telecom 一股。

新闻杂志等各大媒体对日本 Telecom 不吝赞美之词，称其在业界洗牌的合并战中再次领先第二电电：

"国内首次大型通信公司间的合作不仅令日本 Telecom 的销售额超过四千亿日元，还令其获得了国际通信的技术积累及相关设备。这样一来，日本 Telecom 就能迅速调整结构，打造国内外一体的经营体系。有了自行经营国际通信业务的能力，也为日本 Telecom 在将来同欧美的通信公司交涉合作时争取到更为有利的条件。

与此相比，第二电电的合并战略则滞后了一大截。尤其是在国际电话业务的发展上，前方黄灯已现。"

日本 Telecom 发布吸收合并日本国际通信的消息后没多久，奥山就找上会长室了。

“被董事们数落了一顿。说‘竟然让日本 Telecom 拿走了日本国际通信，你简直就是给稻盛会长丢人’。”

稻盛拍拍奥山的肩膀，宽慰他道：

“现在就泄气了？我不是说过了吗。我们同 Global One 或者日本国际通信进行接触的时候，其他的电信公司绝不会袖手旁观的。不用急。最差不过我们自己单干，反正总能打开一条路的。”

这条路在不久之后就初露端倪。

“希望能同第二电电密切合作。”

抛来这个秋波的是 KDD。KDD 在第二电电同日本国际通信的谈判完全破裂后，向第二电电正式表达了合作意愿。NTT Communications 进入国际市场的信号使 KDD 的经营层压力顿生，对将来的独立求存之路忧心忡忡。

奥山随即同 KDD 的经营层就合并的条件进行了协商。

然而，随着谈话的深入，双方的分歧也逐渐显露。“我们 KDD 可曾是唯一的国际电话公司，我们 KDD 有着悠久的历史”——曾经的骄傲变成了现在的自负，KDD 对自己估计过高了。

KDD 极为执著的一个问题是合并后新公司的名字。他们主张道：

“我们有着百年的历史和自己的品牌，同 AT&T、英国电信一样，在世界市场上享有盛誉。第二电电的历史及品牌最多不过十五年吧？合并后，保留 KDD 的名字是最明智的做法。”

接着，KDD 的重点由品牌、历史转到了合并比率的分配上。

“在决定合并比率的时候希望可以适当考虑增加我们公司的份额。除我们的牌子、历史之外，我们还有代表日本签署国际条约的权利。这种无形资产希望能反映到股价里。”

“是由市场决定股价，然后再由此决定合并比率。你们这么要求不是违反市场原理吗?”

奥山向对方一遍遍地解释，甚至在向稻盛请示后，开出了“新公司的社长由 KDD 指派”、“公司名称将同 KDD 相似”等优惠条件，退让了一步又一步。然而，KDD 还是没有松口。

听完奥山的回复，稻盛不由得叹息道：

“该说他们没有常识么？对基本的经济原理都不在意。”

“是啊。不合并，最艰难的不是我们，而是 KDD。他们自己也很清楚，可就是死撑着面子不低头。”

“如果 KDD 放不下，这个合并不谈也罢。”

稻盛一锤定音。

随后，接到指示的奥山立即动身前往 KDD，表达了终止谈判的打算。

KDD 的社长顿时慌了手脚。

“不用急着下结论嘛。我们是非常希望能同贵公司合作的。要不，麻烦您帮我给稻盛会长带句话吧，就说希望能当面谈谈。见面谈，他肯定能明白我们的诚意的。”

第三日，在 KDD 拳拳诚意的邀请下，稻盛答应了对方的请求。

然而，在见面会上 KDD 依然固执己见，除了对新公司名的要求外，继续主张第二电电应在参考历史及品牌价值的情况下上调合并比率。

稻盛当场拒绝了这些条件：

“抱歉，就当我们没有谈过这件事吧。”

1997 年 9 月 4 日，第二电电结束了同 KDD 的谈判。

事后，正同 KDD 策划两家的联合营销计划的种野私下告诉奥山，工作在第一线的 KDD 的员工们对这一消息极为失望。

KDD 的员工对自家公司未来的发展有着极强的危机意识。其强烈的程度，或许已经远远超过 KDD 的经营层。正因如此，他们对同第二电电的合并一直抱着很大的期盼。

3. 化干戈为玉帛

稻盛认真地向奥山说道：“奥山君，请把我刚才所说的转告丰田。这至关重要。如果他们不能接受这一观点，合并必将招致大乱，我们就不奉陪了。”

第二电电同 KDD 的合并交涉触礁并没有影响到日本通信市场重组的热情。

1997 年 11 月 25 日，KDD 同日本高速通信发表合作声明。

新公司将于 1998 年 10 月正式成立。KDD 的品牌号召力同日本高速通信的光纤通信网强强联合，为新公司的国内国际电话一体化服务提供了有力的保障。

虽然具体合作条件尚未完全确定，但通过此前交涉双方已在“续存公司为KDD，新公司也将沿用KDD这一名称”、“日本高速通信的控股公司丰田汽车保留百分之十以上的股份，为新公司的第一股东”等几个大方向上达成了一致。

面对1999年7月NTT即将完成的一体化经营及NTT Communications参与国际电话市场的声明，KDD同日本高速通信的危机意识日益加深，此次的合并正是二者自我防卫的产物。

而两家的经营状况也确实不容乐观。为了填补累计损失，日本高速通信已表示将调整投资额；另一方面，KDD也公布了裁员计划，到2000年末，包含投资企业指派人员在内的五千三百名员工将减至四千八百人。

1998年7月29日，KDD同日本高速通信签署了合并重组协约。新公司将于12月1日开始投入运营。公司原定10月内成立，但由于合并比率的问题拖延到12月。续存公司及名称仍按原定计划为KDD。新公司社长为原KDD社长西本正，会长亦由原KDD会长中村泰三担任。

就在KDD同日本高速通信的合并进行的同时，丰田汽车顾问——高盛的日本法人代表向奥山透露了日本移动通信（IDO）的合作意向。日本移动通信是丰田汽车牵头，于1987年3月成立的专营车载电话等移动通话业务的公司（详见第4章）。

“处理好日本高速通信之后，现在丰田把日本移动通信的问题给提上日程了。”

高盛的代表私下里告诉奥山：“关于日本移动通信，丰田可能倾向于同第二电电合作。”

在得悉这个消息之前，第二电电同日本移动通信之间曾在新式数字蜂窝电话的技术服务方面有过一次合作。都采用了美国高通公司开发的码分多址（CDMA）通信标准的两家公司对在各自营业、服务中统一使用 cdmaOne 商标一事达成了一致。

再考虑到高盛这次传来的消息，让人不由得得出一个猜测：日本移动通信的发展方向正渐渐向第二电电靠拢。

得知丰田潜在合作可能的稻盛马上指示奥山：

"开始移动电话事业的时候，在服务区域划分上我们同丰田的意见相左。此后，两家的关系就一直不怎么融洽。这一次正是弥补我们两家关系的好时机。如果第二电电能同日本移动通信合并，正好双方可以起到一个互补作用，对我们的移动电话事业来说这是再好不过了。"

"是的。我们的蜂窝公司遍布全国，但就是没有涉足关东和中部地区。而日本移动通信的营业范围正是关东、中部地区。我们两家合并后，服务范围就能覆盖全国各个角落了。"

"没错。这样，回头你去丰田探探，看看他们到底是不是真的打算合并？有几分诚意？"

奥山领命而去。

9 月 1 日，奥山同丰田第一次接触。见面地点是东京麻布的料理亭。丰田一方出席的是一名专务。另外，为了避免第一次见面的言谈给以后带来纠纷，高盛的法人代表也一同列席。

席上，丰田的专务首先开口道：

"本来这件事是由副社长负责。但因为人事调动，我临时受命全权负责此事。我今天要说的内容全部经过丰田高层的认可。您可以理解为这是最高经营者的意思。”

说到这里，丰田的代表停顿了片刻，突然盯住奥山问道：

“同 KDD 的谈判为什么没有继续下去呢?”

看着对方投来的打量目光，奥山很清楚丰田的问话意图，无非是认为第二电电对 KDD 提出了什么非分的要求才使得谈判破裂。奥山解释了两家在合并比率上的分歧后，犀利地反问道：

“您应该知道日本高速通信同 KDD 推迟了签约日期吧，这是为什么呢?”

专务老实地表示是由于在合并比率上的分歧使得双方花了一些时间的缘故。

奥山满意地点点头，接着问道：

“似乎日本移动通信也有尝试同我们直接接触。我们也听到不少传言，或许是用来试探我们意图的探测气球？我想知道在这件事上，第二电电对日本移动通信应该拿一个什么态度?”

丰田专务立刻领会了奥山的意思，干脆地说道：

“此事完全由丰田负责。日本移动通信也清楚。没有必要和他们去谈。”

“能让我插句话吗？我有一个提案，不晓得两位是否感兴趣。”

高盛的负责人开口道，

“二位都是双家公司的主要人物，今日能够同聚此处证明两方对此事都抱有很大的诚意。我也曾参与日本高速通信同 KDD 的合并谈判，对双方不分主次、以平等地位讨论合并一事深有印象。我提议，第二电电同日本移动通信的这次谈判也在双方平等的前提下进行，怎么样？丰田专务，奥山先生，你们看可以吗？”

“我没问题”

丰田的专务赞许地点了点头。

“第二电电呢？”

“不分主次，何以定高下？平等只会导致混乱。”

奥山语出惊人。

看到丰田专务、高盛负责人惊愕的表情，奥山补充解释道：

“这是稻盛会长的一贯主张。对等的合并谈判将给今后的公司造成种种困扰。”

“呃，这样的话……”

高盛的负责人有几分扫兴，但依旧不愿放弃：

“那‘平等的精神’怎么样？‘在双方平等的精神下进行合并重组谈判’。这样行了吧？”

“这样……”

奥山依旧摇了摇头，

“不能说没问题吧？”

“可是……”

“这个问题我们先放一下，相信稻盛会长会给你们一个满意的解释的。”

高盛的负责人露出理解的表情：

“也好，反正也要见面一谈。”

丰田的专务郑重地开口道：

“我接到的命令是‘确认可进行正式谈判后，须尽全力达成双方的一致’。之后就请多多关照了。”

会后第三日，奥山亲自赶到京都京瓷总部，向稻盛汇报见面的经过，其中特别就高盛代表提出的“在双方平等的精神下进行合并重组谈判”一事征求稻盛的意见。

不出所料，稻盛马上摇头否定：

“不论是‘平等的精神’还是‘对等的立场’、‘对等的合作伙伴’，意思都是一样的。在这种前提下进行的合并最终也只有失败一途。”

稻盛继续说道，

“这并不是夸张。日本的平等合并从没有过成功的先例。你看，银行间多是对等合并吧。这种情况下经营层的人事问题就是争夺的焦点。对等就是轮流坐庄，管理人由合并银行轮流指派。这种做法完全剥夺了企业的活力。本来经营应该是确定一个轴心，然后围绕轴心安排人手。但对等合并使得管理人只看重身后集团的意思。于是每个管理人都强调‘我是怎么想的，我要怎么做’。五花八门的主张模糊了经营方向，让公司最终走入死胡同。”

“有道理……”

“这就是日本企业文化的一个弊端。日本人不会有这种念头，不会有以谁为中心来约束其他人的想法。所以我提出的这种看法老是被人指责是‘霸权主义’，被人说‘稻盛要威风’。实际上不是这么回事，我又不是逞强斗胜的人。我只是认为要想让合并后的公司成功走下去就必须保证集权。吸收合并中不乏成功之例的理由就在于此，吸收一方能够彻底掌控局面，让被吸收的一方顺从自己的意思。”

稻盛认真地向奥山说道，

“奥山君，请把我刚才所说的转告丰田。这至关重要。如果他们不能接受这一观点，合并必将招致大乱，我们就不奉陪了。”

奥山找到丰田的专务转达了稻盛的意思。

丰田的专务听罢奥山转达的稻盛的意见，愣了半晌才微弱地出声道：

“这不是我能解决的问题。能麻烦你亲自给我们的决策层解释一下吗？”

“决策层是……”

“会长丰田章一郎，社长奥田硕。嗯，不过让您直接过去解释也不大合适。不如这样，让高盛的负责人中间传个话吧。让他向我们的决策层转达你们的想法。”

9月4日，稻盛约见了高盛的负责人，就对等的精神、对等的立场阐述了自己的看法。

负责人留下“必将原封不动地带到”的承诺后告辞离去。

十日后，9月14日——

正当奥山觉得音信皆无、打算放弃的时候，丰田同高盛发来了消息：

“我们接受稻盛会长的意见，接受第二电电的理念。希望能够同贵公司正式开始合并重组的谈判。”

合并交涉的帷幕再度升起。

对此次交涉，稻盛给出指示：

“三个谈判基准：第一，合并战略规划的重点是构筑能同

NTT 对抗的强大轴心；第二，第二电电必须掌握经营权；第三，保证京瓷及丰田对经营的合作体制。”

4. 三方合并，KDDI 诞生

“在无人看好时毅然投身通信事业的稻盛君的决心、及第二电电所取得的辉煌业绩是我让步的理由。之后，就拜托您了。”丰田公司会长奥田郑重地低头请托道。

得到命令的奥山开始行动，又是组织谈判前两方的非正式磋商，又是同丰田代表讨论合并细则，忙得不亦乐乎。

而就在此时，一个令人大感意外的请求递到了第二电电的手上。10 月 1 日，将同日本高速通信合并的 KDD 向第二电电发来了合并救济的请求。

“上次谈判失败后我们内部从没有停止过关于此事的讨论。现在大家统一了意见，还是希望同第二电电合作。请您千万帮忙向稻盛会长转达我们的企盼。希望贵方能够体谅我们决定的变化。”

从上轮的谈判开始后的一年半间，也是谈判破裂之后的十三个月间，KDD 的业绩急速下滑。虽然 1997 年度合计损益还有四十九亿三千万日元的盈余，但按现在的经营情况估计，到

1998 年盈余就该变成近二十亿日元的赤字了。1999 年之后，这个趋势也没有恢复的征兆。国际电话业务激烈的竞争所带来的电话费用大幅下降是导致这一现状的主要原因。

奥山向稻盛汇报了此事。

稻盛马上做出了明确的答复：

“KDD 的技术和研究水平以及员工素质都非常优秀。要想对抗 NTT，取得他们的协助是非常有必要的。这次最终可能会变成三合一的合并。不过，我个人的意思是，最好能优先同丰田汽车一方进行合并谈判。毕竟现在 KDD 的业绩实在不理想，他们除了跟随第二电电以外没有别的选择了。”

12 月，同日本高速通信合并后的新 KDD 的社长亲自打来电话，对奥山表示“希望能够见面一谈。”

于是，奥山应邀前往位于东京新宿的新 KDD 总部，开始接触新 KDD 的管理层。奥山提出：“第二电电及新 KDD 所处的环境及情况都发生了巨大的变化，两家应该重新出发，从零开始讨论合作。”然而，新 KDD 则希望能够以之前的交涉为前提，继续谈判。KDD 对公司名及合并比率的执著可见一斑。新 KDD 既希望获得合并救济，又不想在名字及合并比率上做丝毫让步。

此时，第二电电同丰田的交涉也遇到了问题。

丰田一方主张：

“第二电电从创始至今，成绩骄人，我们对第二电电及稻盛会长佩服不已。这一点大家实话实说。在合并比率的问题上，以我们对贵方的推崇为前提，我们希望在新公司中，丰田及京瓷所占份额一致。”

丰田一方继续说道，

“另外，经营形式，我们首推纯粹控股公司。成立一家纯粹控股公司，以控股的方式控制长途电话公司、移动通信公司等等。”

这个提案第二电电无法接受。

在新的公司中股权份额一致，这同平等合并并无差别。这种合并无法凝结出经营核心，每个经营干部只会为了身后集团的利益各自为政。其最终的结局只有失败一途。

要想确立一体化经营、同越来越强大的 NTT 对抗，第二电电的经营能力是不可或缺的。要知道，第二电电是唯一一家以纯粹民营企业起步，从零开始奋斗至今的新电电公司。因此，应当将第二电电作为存续公司，由其掌控经营权。这是稻盛的观点。

这并不是稻盛偏心第二电电。

当然，有血有肉的经营者，如果说对自己一手培育的第二电电没有感情，那绝对不是实话。

但稻盛在此次合并中，更为看重的却是“什么样的选择才能为合并 KDD 后的新公司打下坚如磐石的经营基础”。

转眼就是 1998 年年末，紧接着 1999 年又在不知不觉中来到了。时间过去已久，但双方的分歧依然没有解决。

拖延许久的僵局给第二电电带来了负面评价。不知何时，业内及股票市场对第二电电的贬斥、指责之声尘嚣甚上，由此而生的报道也渐渐引人注目起来。

例如，第二电电在国际电话业务上落后于 NTT 及日本 Telecom。因此，即使经营体制上存在巨大的差距，第二电电依然不得不同 KDD 等在弱者联盟的道路上慢慢摸索……

心急如焚的奥山已被日益加重的压力压得喘不过气来。

而同巨无霸中的巨无霸——丰田汽车的谈判更是带来了极大的精神压力。言谈措辞中稍有不慎就有可能导致谈判破裂。这种谈判对人的细致度和注意力都有着极高的要求。另外，严密控制协商消息也是件费心神的活计。

在艰苦的谈判过程中，稻盛明确坚定的态度是奥山唯一能够引为依仗的助力。稻盛的指示往往直切要害，清晰明快。因此，奥山只需如实地将丰田的主张及事态发展上报就能得到破除迷津的指点。

奥山常常感叹，要是没有稻盛会长的支持，谈判早就无以为继了。

1999 年 2 月，一封信函以稻盛的名义被送往丰田。内容阐述了稻盛对合并问题的看法及希望。按稻盛的要求，文章被反复修改以确保没有任何会造成误解及龃龉的地方。

信的大意如下：

“这次的合并，是实现真正意义上的通信自由化、构建对抗 NTT 轴心的最后机会。一时的趋小异、舍大同，将使我们永远失去同 NTT 抗衡的方法。

身处已呈流动化的通信业界之中，第二电电同日本移动通信的合并是大势所趋。对日本移动通信来说也是必然的选择。

要实现真正意义上的通信自由化，就必须集中力量，就必须让第二电电能够掌控并且运用这种力量。因此，我希望贵公司——丰田集团能够以仅次于京瓷之下的第二股东的身份参与到公司的运营中来。牛尾电机、索尼、西科姆等是第二电电诞生伊始就存在的老牌股东。我们力排众议将第二股东的位置交于贵方也是我们对这次合并展现的诚意。

希望您能对唯一一家以民营企业起家、由零开始成长至今的第二电电的成绩和力量审慎考虑，做出正确的评估。”

以信函阐述的观点为依托，奥山继续同丰田交涉。

进入 4 月份，谈判依然毫无进展。丰田一方依然主张应采用纯粹控股公司的形式。

“奥山社长，我们已经拜读了稻盛会长的来信，理解其想要表达的内容。我们对第二电电到此为止的成绩、对稻盛会长的经营手腕有着极高的评价。然而，第二电电打算以吸收的方式合并日本移动通信，这点我们无法接受。正如我们之前再三重申的，我方主张采用纯粹控股公司的形式。”

“我们不可能将所有的资源全部交给第二电电。”

“奥山社长，现在刚好 KDD 也提出了合并请求，三方合并这个难得的时机已经成熟，难道您要眼看着这个机会溜走吗？要想一鼓作气达成共同的目标，还要请第二电电重新考虑一下公司的经营形态。”

“这一点我们不会让步。我们提出的条件都是深思熟虑后的结果。”

“第二电电这种做法可是‘霸权主义’啊，最近有不少人都跟我们这么说呢。”

“话可不是这么说的，”

奥山加重语气反驳道，

“我们强调过多次了。第二电电并不是想要手握霸权，而是想要一个稳固的经营核心。对等合并对将来的发展毫无助益。”

虽然形势不容乐观，但谈判也不是毫无转机。在一次次的交涉过程中，第二电电名誉会长稻盛同丰田会长奥田就双方分歧进行当面协商的时机逐渐成熟。

1999 年 5 月，奥山再次向丰田递交了记载稻盛想法的信函。除了第一封信提及的内容外，还针对霸权主义的批判作了诚恳地说明。

1999 年 8 月 20 日，稻盛同奥田的会谈终于成形。会谈地点定在丰田东京总部。

在双方寒暄中会谈正式开始。

奥田生于 1932 年 12 月，现年六十六岁，与 1932 年 1 月生的稻盛同龄。其于 1955 年进入丰田汽车销售。会计部时期曾因顶撞上司，以调职的名义被变相贬职至马尼拉分部。不过，奥田凭借过人的能力和在马尼拉分部的杰出业绩获得了丰田章一郎的认可，于 1982 年升任执行董事。他负责过丰田肯塔基州工厂的建设工作。于 1995 年任社长，1999 年出任丰田会长。在任社长期间，奥田以其领先于世的思想推动丰田的变革，使丰田取得了一系列先进的成果，如 1997 年推出了世界第一部混合动力汽车普锐斯等。

“我老早就想见稻盛君一面了。”

奥田微微眯起眼睛说道，

“从零开始将京瓷打造为一家世界少有的高收益企业，又在极为困难的条件下带领第二电电打了数个漂亮战。稻盛君的经营手腕令我心向往之啊。”

“谬赞了。”

“对了，之前我有幸读过一篇商业杂志对稻盛君的访谈。内容是对当前利用金融工学进行金融衍生品交易的警示。实际上我对这个问题也深有同感，这是脱离企业本职、没有社会使命感的行为。”

“是的。继续发展下去，在未来某个时候，金融衍生品交易必将招至灾祸。这种交易只是巧妙地通过金融工学手段来分散风险而不是降低风险。风险只是被隐藏起来了。容许该交易盛行，总有一天要自食恶果的。”

“稻盛君……”

奥田突然抬眼，双目炯炯有神。

“通信业的现状及前景，我想我同稻盛君的看法应该是一致的。要想通过重组巩固一体化经营体系达到对抗 NTT 的目的，强有力的经营轴心必不可少。求同存异应该是我们共同的努力方向，成功合并更是我的愿望所在。借今天这个机会，希望能够听一听稻盛君对此事的看法。”

正视奥田，稻盛缓缓开口道：

“奥田会长刚才提到要巩固一体化经营体系、打造对抗 NTT 的强力轴心。我窃以为当下的合并是实现这个愿望的最后机会。如果现在我们无法取得一致，就只能同对抗 NTT 的愿望失之交臂了。我是这么认为的。”

奥田点头回应。

“而要想达成目的，必须要借助贵社的力量。到时还请您不要推辞，在经营上助我们一臂之力。我想这应该同贵社进军通信事业的宗旨不相违背才对。说到这里，刚好我还有一个请求。合并后新公司的名誉会长仅由第二电电名誉会长、我一个人来担任实有不妥。我诚恳地请求丰田再指派一名名誉会长。”

“这种情况我不大合适，应该是丰田的名誉会长丰田章一郎先生。”

稻盛马上对这一决定表示赞同，随即继续说道：

“另外，也是我曾在信中提过的。创始初期，第二电电一穷二白，连通信线路等基础设备都无法保证。当时世人都认为这是有勇无谋的举动。但是，就是这样赤手空拳，我们却一路跌跌撞撞地闯到了今天。在您下决断之前，请您务必把这份面对巨大风险却依然能挺身而出的决心、及我们之后所取得的经营成果考虑进去。”

“这是当然。”

“以上是我的看法。希望您能在慎重考虑后，理解并同意将所有资源聚集于第二电电的做法。请允许第二电电成为存续公司。虽然有不少人以‘霸权主义者’来称呼我，但实际上我绝对没有这种想法。当然，我心中确实对带领着唯一的民营企业走到今天这一步充满了自豪。但若因此就被批判为‘霸权主义’的话，那真是不知所谓了。”

一席话终了。

奥田静静地打量着稻盛。

稻盛坦然地回望对方。

终于，奥田开口道：

“我知道了。就按稻盛君提出的底线来办吧。”

“您同意了？”

“在无人看好时毅然投身通信事业的稻盛君的决心、及第二电电所取得的辉煌业绩是我让步的理由。股票交换比率、预订接受干部的人数等等具体事务交涉也可以加快步伐了。之后，就拜托您了。”

奥田郑重地低头请托道。

这次会谈不仅成功地解决了第二电电同丰田间的分歧，还给正在进行的第二电电同 KDD 的谈判带来了意想不到的效果。

察知第二电电同丰田日益靠拢的姿态后，KDD 第一时间发来联络表示不再要求延续之前的谈判结果，愿意从零开始摸索双方的合作道路。

为此，奥山特别找到 KDD 的社长确认道：

“不仅仅是导致上次谈判破裂的公司名、合并比率的问题，是所有的条件全部归零，从头开始谈判。您确定了吗？”

对方给出了确定的答复。

一瞬间，局面豁然开朗，第二电电在三方合并的大道上迈步飞奔。

进入合并条件的微调阶段。三家负责人在律师、财务顾问的帮助下，一条一条地确认合并的具体细节。

这项工作远比想象的更为复杂。虽然各方已就基本条件达成了一致，但在具体条件的解释及细则运用上仍有诸多分歧。稍有不慎就有可能功败垂成的紧张气氛浓郁不散。

“所谓历史性的合并就是这样的吧。”

奥山在重压下苦中作乐地暗自慨叹道。

9 月 20 日，交涉工作终于告一段落。第二电电同 KDD 就二者间的合并条件达成了基本协议。

紧接着，11 月 25 日，稻盛同奥田再度会面，就合并后新公司名及管理层、合并日程等问题进行了确认。

12 月 16 日，稻盛、奥田、张、奥山、西本正，日本移动通信社长中川哲、京瓷社长西口泰夫七人一同出席了在东京都内某饭店召开的记者见面会，正式宣布第二电电、KDD、日本移动通信的三社合并案。

面对挤满宴会厅的记者阵容，三家公司公布了新公司的合并纲要。

第二电电、KDD、日本移动通信三家公司将于明年——2000 年 4 月 1 日签署合并协议，于 10 月 1 日正式合并。

第二电电为存续公司，按 KDD（票面额五百日元）九十二点一股对第二电电（票面额五千日元）一股，日本移动通信（票面额五万日元）二点九股对第二电电一股的合并比率进行分配。

新公司名为 DDI，徽标使用 KDDI。

新 DDI 的第一股东为京瓷，出资比率达百分之十五点八；丰田虽以十点三的比率屈居第二，但由于第三方出资，最终合并时两位股东的持股比率仅相差百分之二。

社长由第二电电会长兼社长奥山担任，会长则由京瓷名誉会长稻盛、丰田名誉会长丰田章一郎共同出任。

三社合并带来了巨大的反响。报纸、电视等媒体称其实现了构建对抗 NTT 强力轴心的目标，认为今后国内通信业将呈现 NTT 同 DDI 二分天下的格局。

媒体的推测并非毫无依据。三家公司在长途和国际长途电话领域的市场份额达百分之二十九，在 1999 年 3 月结算时的总销售额就已经达到了二兆零六百三十亿日元，仅次于销售额九兆七千三百亿日元的 NTT，稳居国内第二。而在可携带电话和 PHS 市场，新集团也以一千六百万台的销售量紧跟拥有两千八百万台销量的 NTT Docomo 之后。

不过，媒体还漏说了此次合并最为关键、最具有划时代意义的一点。三家公司的合并意味着第二电电实现了对三社资源的掌控，完成了构筑强有力经营核心的既定目标。这在日本大型企业合并中是前无古人的头一遭。

在长达三年的艰苦谈判之后，稻盛同奥山终于达成了这次足以载入通信史册的合并。

合并声明发表后，在以奥山委员长为首的合并准备委员会的指挥下，众人开始着手新公司的一应事宜。

安排各地分店及营业所的合并增减、准备 2000 年 4 月新公司徽标“KDDI”的发布，以及 2000 年 5 月向邮政大臣递交八家蜂窝公司及日本移动通信关于次世代移动电话事业的事业变更申请等。

次世代移动电话拥有可媲美固定电话的音质的同时，还能够保证大容量数据的高速传输及跨国通话。是继以语音通话为主的第一代模拟制式手机、第二代数据式手机之后的新一代手机，又被称为第三代手机。目前第三代移动手机主要有两大国际标准，一是以 NTT Docomo 同瑞典通信商爱立信开发的以日欧标准为基础的 W-CDMA 方式，另一种是由美国高通通信技术开发公司开发的符合美国标准的 cdma2000 方式。

NTT Docomo 已经表明将采用符合日欧标准的 W-CDMA 方式。新世代的手机将于 2001 年 5 月在东京二十三个区及横滨、川崎两市投入运营。

为同先行一步的 NTT Docomo 抗衡，第二电电同日本移动通信也推出了第三代手机计划。次世代手机将于 2002 年 9 月在关东、中部、关西等地面市，并在 2004 年 3 月之前在全国上市。

采用的规格为美国标准的 cdma2000 方式。从 1989 年推出的模拟制式 TACS，到 1994 年开始的 PDC，再到 1998 年夏推出的数字式 cdmaOne，如今的 cdma2000 已是第二电电移动手机业务的第四代。

5 月下旬，第二电电同日本移动通信宣布，将于正式合并前推出两家公司共同的手机品牌“au”。销售点统一改名为“au shop”。“au”一词取 access（接近）、amenity（舒适）的首字母 a 和 unique（独特）、universal（普遍）的首字母 u 组合而成，象征 au 手机服务贴近生活、有益于人。

7 月下旬，第二电电旗下的蜂窝公司发表合并声明。

将于 11 月 1 日成立的新公司同两家共同的手机品牌同名。除已在柜台交易市场上发行股票的冲绳蜂窝公司外，北海道蜂窝、东北蜂窝、北陆蜂窝、关西蜂窝、中国蜂窝、四国蜂窝、九州蜂窝七家蜂窝公司合而为一。而 10 月份新生的 KDDI 将通过股票交换等方式买回原属电力公司的份额，使 au 在 2001 年 3 月末前成为 DDI 百分百控股的子公司。

统一蜂窝公司各自为政的局面，让 DDI 总体战略决策能够快速地传达到公司的各个层面是这次结构调整的最大目标。

10 月 1 日，KDDI 终于正式走上了舞台。

成立后的第三日，周一，DDI 在东京的西新宿 KDDI 大厦前举行了盛大的合并纪念仪式。在其后的记者见面会上，回忆起漫长的合并交涉过程，稻盛对未来发展做了如下展望：

“经过长时间的努力，第二电电、KDD、日本移动通信终于达成了合并，KDDI 正式起步。说实话，我个人认为合并的时期确实有些滞后。当前，NTT 已通过重组强化了公司的一体化经营，NTT Docomo 也在移动电话市场巩固了其魁首之位。如果合并能够提早两年，作为同 NTT 分庭抗礼的我们就能好好地同 NTT 较量一场，让这个对抗轴心的名字名副其实。当然，现在去空想过去是毫无意义的，我们从现在开始努力绝对为时未晚。KDDI 绝对能成长为一个同 NTT 不相上下的企业。我，会用一切力量为实现这个目标而努力。”

紧接在稻盛之后发言的是 DDI 社长奥山。

“拥有国际知名品牌和众多企业客户的 KDD、能够在竞争最为激烈的关东东海地区在移动电话市场上占据一席之地的日本移动通信、在中小企业及个人消费者中拥有巨大客户群的第二电电——这三家企业的潜在合力丝毫不逊色于 NTT。为了调动出这股力量，我作为社长将亲自确定经营决策的优先顺序，确保能即时、有效地进行经营指导。另外，在战略层面上，我们将集中经营资源于移动电话及网络市场，优先确保下阶段战略重点‘mobile&IP’事业的发展。”

DDI 同 NTT 的对抗终于拉开了序幕。

尾声

第二电电的成就并非仅仅在于孕育出可以比肩 NTT 的 KDDI。

第二电电给国民的生活及市场带来了巨大的变化。

正是第二电电发起的自由竞争抑制并下调了话费支出，结束了电电公社垄断下的高额话费时代。受此影响，电信市场的规模也由电电公社垄断时的不到五兆日元扩大至十五兆日元，涨了三倍有余。第二电电首倡的可移动电话事业给人们的生活方式、商业发展带来的影响更是不可估量。可携带电话已成为当今社会不可或缺的通信工具。

由“降低日本的话费”这个纯粹执著的念头而诞生的一家小小的电话公司掀起了一场翻天覆地的革命，奠定了今日日本高度信息化社会的坚实基础。

从这个角度来说，第二电电的发展史已经超越了企业发展史的范畴，应该说它是一部企业家的挑战史——为革除社会的弊端而发起挑战的奋斗史。

以新身份再次起航的 KDDI 并没有耽于胜利放松警惕。为了促使 KDDI 早日成为能够比肩 NTT 的对抗经营核心，新公司马不停蹄地投入到了新的经营工作中。统合蜂窝公司、开始第三代手机事业等一系列的主动攻势发起的同时，KDDI 也对三社合并后遗留的各种问题进行修正。例如，搬迁公司总部、调整人事制度以解决三种不同薪资体系的状况、削减人数高达五十八人的管理层等等。

其中最主要的问题有两个。

一是财务健全化。

KDDI 的合并财务报表显示，新生公司的有息负债达二兆二千四百亿日元。合并时有息负债的利率为百分之二点五。如此算来，KDDI 每年应偿还的负债为五百六十亿日元。如果销售额为一千亿日元的话，单单债务偿还就占了其中的一半。

造成有息债务膨胀的原因主要有两点。一是移动电话事业设备投资的扩张。

第二电电各家蜂窝公司同日本移动通信还未偿还完 PDC 方式的移动电话设备投资。但此时，NTT 推出了 I-mode，一举获得了客户的青睐。为了追赶 NTT，两家公司不得不再为 cdmaOne 方式每年投入数千亿日元的设备投资。PDC 方式同 cdmaOne 方式的并存给两家公司带来了极大的资金负担。

另一重债务负担则是来自第二电电子公司 DDI Pocket 于 1995 年 7 月开始的 PHS 事业。

PHS 由专务千本倖生负责。其卖点在于能够提供比手机更优惠的话费服务。然而，这个被视为“集第二电电之大成”的事业不仅没有达到预期的效果，反而陷入了苦战。

第二电电的 PHS 通信网必须借助 NTT 的 ISDN 通信网。但 NTT 的交换器却无法支持 PHS 同可移动终端设备的通话。在这种情况下，NTT 线路及设备的使用费对 DDI Pocket 本就无多的收益来说可谓是雪上加霜。

不过，就算实现移动电话间的联系，DDI Pocket 的业务也无法获得提升。面市不过三年，PHS 市场就已经在 1998 年达到了饱和。

DDI Pocket 的亏损情况持续恶化。受其拖累，第二电电的资金负担不断膨胀，1997 年 3 月，第二电电的合并结算出现创业以来首次赤字。2004 年 10 月，KDDI 将 DDI Pocket 出售，美国的投资公司卡莱尔集团成为第一股东。2005 年 2 月，DDI Pocket 更名为 WILLCOM，主要提供数据电信服务。2010 年 2 月，WILLCOM 递交了公司更生法适用申请。

财务健全化问题是由副社长山本正博负责。山本应稻盛之邀，于 2000 年 4 月由京瓷副社长转任第二电电专务。6 月出任第二电电副社长，迁入东京西新宿 KDDI 大厦时公司职能的转移及人才调配等工作就是由他指导的。

山本一户户地走访全国各地的营业所，对削减有息负债的紧迫性进行了说明。并于 2000 年 11 月启动有息负债削减计划，提出“五年内削减有息负债一兆日元”的目标。山本选择的第一个削减目标是设备投资。2001 年度计划原定设备投资额约为六千五百亿日元，而 KDDI 的现金流量只有四千亿日元，要想达成原定计划必须再增二千五百亿日元的有息负债。对此，山本要求在有息负债情况得到改善之前，设备投资额必须控制在三千亿日元以下。

此举在公司内引起了极大的反对。移动电话事业的基站建设部门、固定电话的光纤建设部门等资金需求量极大的部门对山本的方案尤为不满。

面对如此激烈的反对，山本丝毫不为所动，坚决推行有息负债削减计划。

付出的努力终得回报。2004 年 12 月末，KDDI 的有息负债被控制在一兆日元以下。不知何时起，“五年削减一兆日元”的目标已悄然被拔高至“五年债务削减至一兆日元”。而在削减债务计划启动后的四年零一个月，离期限还差十一个月的时候，这个目标就已达成。

另一个困扰 KDDI 的问题是企业员工共同的价值观及企业文化的培育。

“武装农民”第二电电、“朝臣”KDD 及“官吏”日本移动通信是媒体对三家公司的描述。正如这个描述所说，第二电电同另两家公司在意识及工作方式上有着极大的不同。

尤其是在超过总人数二分之一的原 KDD 员工当中，顾客本位意识及工作积极性淡薄的现象极为严重。在这种情况下，即使 KDDI 有着强健的经营核心，也无法完成聚拢人心、凝聚公司向心力的任务。

面对这一现状，奥山决定导入第二电电的企业哲理，将其作为一个行动规范，重新对公司员工进行企业理念的培训。

稻盛认可了这个计划，

“这个主意不错。第二电电的员工出身各不相同。特别是原电电公社的员工，说好听点是理智，说难听点就是认死理的书呆子。要做好他们的企业理念教育，绝非一日之功，但我一直没有腾出手来处理这件事。现在，奥山君愿意担起这项任务，真是再好不过了。这个任务不轻松，但要想让 KDDI 成为一家优秀的企业，这件事就必须下工夫去解决。公司经营离不开人、物、钱等各要素。其中，最重要的是人，最关键的是人心。只有上下团结一心，公司才能有更好的发展。”

企业理念培训计划开始执行后果然遇到了重重阻力。

不少员工以“每个人的思想、信念应是自由奔放的，没有理由强迫人接受某种观念”为由反对奥山的计划。其中，原KDD职工的反应最为强烈。日本移动通信的员工曾接受过母公司丰田的“丰田基本理念”的教育，对新理念的接受多少有一定的心理准备。可从未接受过企业理念指导的KDD员工对这个计划表现出了极为抗拒的态度。

奥山、小野寺等执行者毫不气馁，耐心地劝说计划的反对者：

“一个独立的个人拥有何种观念是他的自由，这个观念给他的人生带来的影响也是由他一个人来承担的。但是企业的情况不同，如果没有一定的行为准则，员工们各自为营，不同的行动会带来参差不齐的结果。这如何能保证公司的存续呢？因此，对一个企业来说，一个基本的指导理念是极为重要的。”

就这样，在潜移默化中一步步深化公司理念的影响。

2001年6月26日，稻盛卸任董事会名誉会长一职，出任最高顾问，继续守护新生的KDDI，偶尔也为经营层提供建议。小野寺接任社长一职，奥山就任副会长。

新生的管理层率领KDDI取得了喜人的成果，公司获得了长足的发展。2002年3月结算显示，合计销售额为二兆八千三百三十七亿日元，合计收益为一千零二十二亿日元。到了2006年，合计销售额就突破三兆日元的大关，涨到三兆零六百零八亿日元，收益额也达到二千九百六十五亿日元。而对在2010年3月结算的预估，合计销售额和收益额依然将保持长势，预计分别为三兆四千八百亿日元和四千七百亿日元。

虽然公司整体收益同突破十兆日元的 NTT 相比依然有着数倍的差距，但单看作为主要收益源的手机业务的话，可以发现 NTT Docomo 的市场份额为百分之五十一点二，KDDI 为百分之二十八点九，两者间的差距在慢慢缩小（以 2008 年度的签约者数为基数）。

当下，由稻盛等人发起的高度信息化社会正向一个新的时代迈进。随着手机网络的信息传输、处理能力日趋成熟，信息化社会的跃进不可避免地影响到了广播、出版等领域，无论何时何地皆可登陆互联网的普适社会即将到来。

在这个新的发展阶段，KDDI 还能够作为胜者生存下来吗？

没有人可以给出确信的答案。

但有一点可以确定。

能够在新的时代脱颖而出的胜者必定是：动机至善、志向至纯、富有知识及满怀激情之人。

附录

表：日本通信业界的动向与 DDI/KDDI 的发展沿革

年	月	通信业界的动向	DDI/KDDI 的相关沿革
1984 年	6 月		第二电电株式会社企划成立
	10 月	日本 Telecom（Japan Telecommunication，简称 JT）成立	
	11 月	日本高速通信（TWJ）成立	
1985 年	4 月	电气通信改革三法实行。电电公社的民营化改革开始。通信市场正式开放，允许民间资本参与该市场竞争	更名为第二电电株式会社（DDI）
	6 月		取得第一类电气通信事业（type Ⅰ carrier）许可
	12 月	3 家新电电公司的长途电话服务号码获批（DDI = 0077，日本 Telecom = 0088，TWJ = 0707）	长途电话服务号码正式获批
1986 年	3 月	东京通信网络（Tokyo Telecommunication Network Co.，Inc.，简称 TTnet）成立	
	7 月	日本国际通信企划成立	
	8 月	日本 Telecom 在东－名－阪地区（东京、大阪、名古屋）开始专有线路服务	
	10 月		开始东－名－阪地区的专有线路业务
	11 月	TTnet 开始关东地区的专有线路服务 TWJ 开始东－名－阪地区的专有线路业务 国际数字通信企划成立	
1987 年	2 月	日本电信电话（NTT）在东京证券交易所第一部上市	
	3 月	日本移动通信（IDO）成立	
	4 月	NTT 开始可携带电话服务	

续表

年	月	通信业界的动向	DDI/KDDI 的相关沿革
	6 月		关西蜂窝电话株式会社成立
	8 月	更名为日本国际通信（ITJ）	
	9 月	更名为国际数字通信（IDC）	DDI 等 3 家新电电开始东-名-阪等地的长途电话业务（340km 以上/3 分钟 300 日元；NTT 为 400 日元）
	10 月		九州蜂窝电话株式会社成立
	11 月		中国蜂窝电话株式会社成立
	12 月		森山信吾社长去世。稻盛和夫兼社长
1988 年	2 月	NTT 降低固定电话长途通话费用（340km 以上/3 分钟的通话费用由 400 日元降低至 360 日元）	
	4 月		东北蜂窝电话株式会社成立
	5 月	TTnet 开始关东地区的电话业务	北陆蜂窝电话株式会社成立
	7 月	NTT 将数据通信业务交给 NTT 数据通信（NTT DATA）	北海道蜂窝电话株式会社成立
	12 月	IDO 采用 HICAP 方式，开始东京 23 个区的车载电话及手机业务	
1989 年	2 月	NTT 降低固定电话长途通话费用（340km 以上/3 分钟的通话费用由 360 日元降低至 330 日元）	3 家新电电公司竞相降低固定电话长途通话费用（340km 以上/3 分钟的通话费用由 300 日元降低至 280 日元）
	4 月	NTT 用户突破 5000 万。 ITJ 开始国际专用线路业务	四国蜂窝电话株式会社成立
	5 月	日本 Telecom 同铁道通信合并，IDC 开始国际专用线路业务	
	6 月		神田延祐任社长

续表

年	月	通信业界的动向	DDI/KDDI 的相关沿革
	7 月		关西蜂窝电话株式会社开始营业
	8 月	KDD 降低国际通话费用	
	10 月	ITJ 同 IDC 合作，开始国际长途电话业务	
	12 月		九州、中国蜂窝电话会社开始营业
1990 年	3 月	电气通信审议会作出了 NTT 经营方式的最终修改案、政府相关措施出台 NTT 再一次降低长途电话通话费用（340km 以上/3 分钟的通话费用由 330 日元降低至 280 日元）	3 家新电电公司再次降低长途电话通话费（340km 以上/3 分钟的通话费用由 280 日元降低至 240 日元）
	4 月		东北蜂窝电话株式会社开始正式营业
	8 月		北海道蜂窝电话株式会社开始营业
	9 月		北陆蜂窝电话株式会社开始营业
	12 月	NTT 开始查号服务收费制度	四国蜂窝电话株式会社开始营业
1991 年	3 月	NTT 降低长途电话通话费用 (340km 以上/3 分钟的通话费用由 280 日元降低至 240 日元)	3 家新电电公司降低长途电话通话费（最远距离/3 分钟的通话费用由 240 日元降低至 200 日元）
	6 月		冲绳蜂窝电话株式会社成立
	7 月		同日产共同出资创立 TU-KA Cellular Tokyo Inc.
	10 月	IDO 采用 TACS 方式，在东京 23 个区及川崎的一部分地区推出了 Tokyo Phone 的服务。 Tu-Ka Phone Kansai Corporation 成立	

续表

年	月	通信业界的动向	DDI/KDDI 的相关沿革
1992 年	2 月		同日产共同出资创立 TU-KA Cellular Tokai Inc.
	4 月		3 家新电电公司进一步降低长途电话话费（最远距离/3 分钟的通话费用由 200 日元降低至 180 日元）
	6 月	NTT 降低长途电话通话费用（最远距离/3 分钟的通话费用由 240 日元降低至 200 日元）	
	7 月	NTT DoCoMo 从 NTT 中分离，专营移动通信业务	
	10 月		冲绳蜂窝电话株式会社正式营业（至此，DDI Cellular Group 下的 8 家公司全部开始运营）
	11 月	日本 Telecom 完成全国服务网的建设	
	12 月		全国服务网铺设完成。DDI CellularGroup 同 IDO 合作，开始漫游业务
1993 年	3 月	DoCoMo 开始 PDC 系统	
	4 月		Nippon Iridium Corporation 成立
	7 月	新式软件交换器软件实现了用户信息自动识别传输	
	9 月		在东京证券交易所第二部上市
	10 月	NTT 联合 DDI，在札幌试推行 PHS NTT 降低中长途电话通话费用（最远距离/3 分钟的通话费用由 200 日元降低至 180 日元）	

续表

年	月	通信业界的动向	DDI/KDDI 的相关沿革
	11 月	导入 end-end tariff 制度。(电话收费制度。统一电话网络，以接打双方间的距离作为收费标准。) Internet Initiative Japan（IIJ）推出互联网业务	3 家新电电公司下调长途电话话费（最远距离/3 分钟的通话费用由 180 日元降低至 170 日元）
	12 月		奥山雄材出任社长
1994 年	4 月	开始手机销售（此前仅允许租赁） NTT DoCoMo 在东京 23 个区推行 PDC 系统 东京数字电话（Tokyo Digital Phone），Tu－Ka Phone Kansai 开始营业	关西蜂窝电话开始 PDC 系统运营
	5 月	关西数字电话（Kansai Digital Phone）开始营业	
	6 月	IDO 导入 PDC 系统开始营业 邮政省制定了 PHS 应用的基本方针	TU－KA Cellular Tokyo 开始营业
	7 月	东海数字电话（Tokai Digital Phone）开始营业	成立 DDI Pocket 企划 TU－KA Cellular Tokai 开始营业
	9 月	日本 Telecom 在东京证券交易所第二部上市	
	10 月	NTT 成立 NTT 个人通信网企划（NTT Personal）	
	11 月		成立 DDI Pocket 事业公司（全国范围内 DDI Pocket 系统 9 所 PHS 专营事业公司成立）
1995 年	1 月		铱系统（Iridium system）获美官方许可
	2 月	NTT 提高固定电话的基础费用	
	3 月	TWJ 完成全国服务网的铺设	

续表

年	月	通信业界的动向	DDI/KDDI 的相关沿革
	4月	NTT 数据通信于东京证券第二部上市 专用回路同公众电话网单端点连接（connection of public telephone networks with internal private circuit）解禁	
	5月	NTT 消费者突破6000万人	
	7月	NTT 个人通信网在东京同札幌开始 PHS 业务	DDI Pocket 在东京及札幌两地推出 PHS 服务
	9月		由东京证券交易所第二部转为第一部 北陆蜂窝电话推出 PDC 系统
	10月	ASTEL 推出面向东京、大阪、四国的 PHS 服务	DDI Pocket 体系下的所有公司开始进军 PHS 市场
	12月		九州、中国的蜂窝电话导入的 PDC 系统开始运营
1996年	1月	Digital TU-KA Kyushu 开始营业	
	2月	电气通信审议会通过《NTT 分离分割方案》	
	3月	NTT 降低中长途电话通话费用（最远距离/3分钟的通话费用由180日元降低至140日元） NTT DoCoMo 开始进军卫星移动通信事业	3家新电电公司下调长途电话话费（最远距离/3分钟的通话费用由170日元降低至130日元）
	4月		北海道蜂窝电话开始 PDC 系统运营
	5月	Digital TU-KA Chugoku 开始营业	
	7月		DDI Pocket 开始提供同手机、车载电话间的通话服务
	8月		东北蜂窝电话开始 PDC 系统的运营

续表

年	月	通信业界的动向	DDI/KDDI 的相关沿革
	10 月	国内专用回路同公众电话网双端点连接（connection of public telephone networks by internal private circuit）解禁	四国蜂窝电话开始 PDC 系统的运营
	11 月		冲绳蜂窝电话开始 PDC 系统的运营（至此，数字网络已覆盖日本全国）
	12 月	手机、车载电话、PHS、寻呼等移动通信方式的收费制度由以往的许可制变更为通知制 Digital TU-KA Tohoku 及 Digital TU-KA Hokkaido 正式营业 NTT 推出互联网服务“OCN（Open Computer Network）”	
1997 年	1 月	Digital TU-KA Hokuliku 正式营业	
	2 月	NTT 降低长途电话通话费用（最远距离/3 分钟的通话费由 140 日元降低至 110 日元） Digital TU-KA Sikoku 开始营业	3 家新电电公司下调长途电话话费（最远距离/3 分钟的通话费由 130 日元降低至 100 日元）
	3 月	NTT DoCoMo 开发出包交换网络系统“Dopa（Docomo Packet）”	同 IDO 合作，引进手机和车载电话的 CDMA 系统
	4 月	电力系统下 9 家地方通信事业会社联手推出了该系统的长途专用服务	冲绳蜂窝电话的上柜股票公开发行
	6 月	第 140 次国会通过《NTT 法修正案》《KDD 法修正案》《事业法修正案》	
	7 月		开始互联网连接服务“DION（DDI Integrated Open Network）”

续表

年	月	通信业界的动向	DDI/KDDI 的相关沿革
	10 月	日本 Telecom、ITJ 合并 NTT 成立 NTT 国际网络（NTT Worldwide Network Corporation，简称 NTT-WN），主营国际第一种电信事业	
	11 月	东京数字电话“Skywalker”服务开始	
	12 月	邮政省公布 NTT 重组基本方针 国际专用回路同公众电话网双端点连接解禁 NTT 完成国内通信网数字化	
1998 年	1 月	TTNet 的“东京电话”服务开始	
	2 月	NTT 长途电话费用下调（最远距离/3 分钟的通话费由 110 日元降低至 90 日元） NTT 的“来电显示（Number Display）”服务面世	3 家新电电公司下调长途电话话费（最远距离/3 分钟的通话费由 100 日元降低至 90 日元）
	6 月	日本邮政省向国际电信联盟（International Telecommunication Union，ITU）递交提案，建议以 W-CDMA 系统作为次世代手机通讯标准	联合 IDO，设立 IMT-2000 实验室 日冲昭出任社长
	7 月	KDD 国内电话通信业务（001）开始	关西、九州、冲绳蜂窝电话开始采用 cdmaOne 服务 国际第一类电气通信事业者资格获准
	10 月	IIJ、丰田及索尼共同出资，创立 Cross Wave Communications，简称 CWC	开通国际长途业务（事业者识别号：0078）
	12 月	KDD 及 TWJ 合并 NTT Personal 所营的小灵通业务被移交给 NTT DoCoMo	正式开始巴西地区的手机通讯业务 DDI Cellular Group 消费者超过 500 万人

续表

年	月	通信业界的动向	DDI/KDDI 的相关沿革
1999 年	1 月	手机和车载电话及小灵通号码变更为 11 位	Nippon Iridium 的铱系统正式投入商业运行
	2 月	电力系统下 10 家新电电会社共同出资，成立 Power Nets Japan（PNJ）	同 IDO 合作的实验室获准进行 IMT-2000 实验项目
	3 月	IDO、NTT 停止使用系统 HICAP（High Capacity）	中国、北陆、四国蜂窝电话开始 cdmaOne 系统的通信服务
	4 月	TTNet 同 Astel Tokyo 合并 IDO 开始 cdmaOne 系统服务	东北、北海道蜂窝电话开始 cdmaOne 系统的通信服务（完成 cdmaOne 的全国网络）
	5 月	邮政省通过 NTT 重组实施方案 NTT 成立子公司 NTT Com（NTT Communications Corporation），主营长途与国际通讯业务	巴拉圭地区的手机通讯业务开始 cdmaOne 的使用用户突破 100 万
	6 月	英国大东电报局（Cable & Wireless，C&W）收购 IDC	
	7 月	原 NTT 改为控股集团公司，拆分出东日本电信和西日本电信 TTNet 开始国际长途电话业务	
	8 月		奥山雄材成为现任社长兼会长
	9 月	英国电信公司及 AT&T 通过配股融资成为日本 Telecom 的主要股东 IDC 更名为英国大东 IDC（C&WIDC）	持有 TU-KA 集团 3 家公司股份，成为其母公司
	10 月	NTT Com 同 NTT 国际网络合并，开始国际长途电话业务 J-Phone、Digital Phone 统一更名为 J-Phone。各会社相应更名	
	11 月	PNJ Communications（简称 PNJ-C）成立	

续表

年	月	通信业界的动向	DDI/KDDI的相关沿革
	12月	Coara(COARA Co., Ltd.)正式推出ADSL(Asymmetric Digital Subscriber Line，非对称数字用户环路)网络接入方式	DDI、KDD、IDO通过三家公司合并案
2000年	1月		DDI Pocket集团9家公司合并
	3月	固定电话(ISDN用户除外)同移动电话(手机和小灵通)的用户比例发生逆转	Nippon Iridium终止铱系统业务
	7月	东日本电信、西日本电信推出IP连接服务“Flet's ISDN”	统一的移动通信事业品牌“au”问世 TACS业务终结
	10月	J-Phone东京、北海道、东北合并为J-Phone东日本 J-Phone关西、北陆、中国、四国、九州合并为J-Phone西日本 NTT Com合并NTT International，开始国际长途业务	DDI、KDD、IDO合并，成立KDDI。社长奥山雄材
	11月		Cellular Group的7家公司合并为au
	12月	C&WIDC开始长途通话业务	
2001年	1月	NTT降低本地通话费用	
	3月	NTT长途电话费下调(最远距离/3分钟的通话费由90日元降低至80日元) NTT Com开始本地通话业务 USEN(USEN Corporation)开始光纤到家(Fiber To The Home简称FTTH)业务	新电电的3家公司下调长途电话话费(最远距离/3分钟的通话费由90日元降低至80日元) 完全控股au，au成为KDDI子公司
	4月	FUSION COMMUNICATIONS(Fusion Communications Corporation)推出24小时国内长途3分钟20日元的收费服务	

续表

年	月	通信业界的动向	DDI/KDDI 的相关沿革
	5 月	自选电话公司服务"MY-LINE"开通 NTT 下调本地通话费用	
	6 月		小野寺正就任社长
	10 月	NTT DoCoMo 推出基于 W-CDMA 的第三代移动通信服务"自由移动多媒体访问（Freedom of Mobile Multimedia Access，简称 FOMA）" 沃达丰集团（Vodafone Group Plc）获日本 Telecom 股票发行额的百分之六十六点七	兼并 au
	11 月	J-Phone、J-Phone 东日本、J-Phone 东海及 J-Phone 西日本合并，成立新 J-Phone 会社	cdmaOne 用户突破 1000 万人
2002 年	4 月		推出基于 CDMA20001x 的第三代移动电话
	6 月		停止国内长途电话业务(0070)
	8 月	日本 Telecom 更名为日本电信控股公司（Japan Telecom Holdings，JPNTY），设立专营固定通讯业务的分公司	
	11 月	8 家地方通信营业商成为 NTT DoCoMo 的子公司 电电公社的时代以来，NTT 首次发表销售额减幅的结算统计	
	12 月	J-Phone 推出了基于 W-CDMA 的第三代移动电话通信服务	手机铃声下载业务"Truetone"开通
2003 年	1 月		第三代移动电话用户超过 500 万人
	3 月		PDC 移动电话服务终止
	4 月	POWEREDCOM 同 TTNet 合并	

续表

年	月	通信业界的动向	DDI/KDDI 的相关沿革
	8 月	波石控股（Ripplewood Holdings）收购日本电信控股旗下的 Japan Telecom	
	9 月	NTT 及 NTT Com 融资 IIJ	第三代移动电话用户超过 1000 万人
	10 月	J-Phone 正式更名为沃达丰	开始 FTTH 服务“光 Plus”
	12 月	业务转让协议缔结，NTT Com 开始接管 CWC 所属业务 日本电信控股更名为 Vodafone Holdings	
2004 年	2 月		国际长途电话业务（0078）终止
	6 月		卡莱尔集团同京瓷公司签订了 DDI Pocket 的业务转让协议
	7 月	SoftBank 收购 Japan Telecom	
	10 月	新 DDI Pocket 开始营业 Vodafone Holdings 同 Vodafone 合并，存续公司为 Vodafone	
2005 年	2 月	DDI Pocket 更名为 WILLCOM	
	5 月	SoftBank 收购 C&WIDC，将其名改为 Japan Telecom IDC	
	8 月		国内电话业务（001）终止
	10 月		并购 TU-KA 系列 3 家公司 KDDI 发表并购东京电力子公司 POWEREDCOM 的声明，开启同东电的全面合作
	11 月	NTT DoCoMo 的移动电话用户超过 5000 万人 日本总务省通过 BB Mobile、EMOBILE、IPMOBILE 三社的手机通信业务经营许可	第三代移动电话用户超过 2000 万人
	12 月	NTT DoCoMo 的 FOMA 用户突破 2000 万人	

续表

年	月	通信业界的动向	DDI/KDDI 的相关沿革
2006 年	1 月		并购 POWEREDCOM
	3 月	SoftBank 收购 Vodafone	
	4 月	NHK 及各地方电视台推出以手机等移动电子产品为对象的数位电视服务“1seg（One seg）”	同东京电力缔结关于 FTTH 业务的合作协议
	10 月	移动电话号码 MNP 业务面市 Japan Telecom 更名为 SoftBank Telecom，Vodafone 更名为 SoftBank Mobile	
2007 年	1 月	开始承担普遍服务（Universal service）职责所产生的相应费用	同东京电力携手提供 FTTH 业务
	3 月	EMOBILE 推出 HSDPA（High-Speed Downlink Packet Access）服务	
	8 月	SoftBank Mobil 的第三代移动电话用户超过 1000 万人	成立 Wireless Broadband 企划
	9 月	NTT DoCoMo 的 FOMA 用户突破 4000 万人	
	12 月	日本全国移动电话用户超过 1 亿	Wireless Broadband 企划的指定基站开设计划运营获得许可
2008 年	1 月	NTT DoCoMo 终止 PHS 业务	
	3 月	NTT 东日本及 NTT 西日本推出次世代数位汇流网路（NGN）业务“Flet´s Hikari Next”	成立无限宽带项目专营公司 UQ 通信（UQ Communications） 移动用户突破 3000 万人 TU-KA 业务终止
	4 月		Chubu Telecommunications（简称 CTC）成为其子公司
	7 月	NTT DoCoMo 吞并 8 家地方电信服务商	成立 Jibun 银行（自分銀行）

续表

年	月	通信业界的动向	DDI/KDDI 的相关沿革
2009 年	2 月		UQ 通信正式开通 Mobile Wimax（Mobile Worldwide Interoperability for Microwave Access）

图书在版编目（CIP）数据

“挑战者”稻盛和夫 /（日）涩泽和树 著；翁舒 译 . -5 版 . — 北京：东方出版社，2012.10
ISBN 978-7-5060-6010-3

Ⅰ.①挑… Ⅱ.①涩… ②翁… Ⅲ.①稻盛和夫—生平事迹②通信—邮电企业—企业管理—经验—日本 Ⅳ.① K833.135.38 ② F279.313.3

中国版本图书馆 CIP 数据核字（2013）第 011284 号

“挑战者”稻盛和夫

（TIAOZHANZHE DAOSHENGHEFU）

作　　者：[日] 涩泽和树
译　　者：翁　舒
责任编辑：贺　方
出　　版：东方出版社
发　　行：人民东方出版传媒有限公司
地　　址：北京市西城区北三环中路 6 号
邮　　编：100120
印　　刷：北京明恒达印务有限公司
版　　次：2013 年 4 月第 1 版
印　　次：2022 年 5 月第 2 次印刷
印　　数：10001—13000 册
开　　本：630 毫米 ×910 毫米　1/16
印　　张：18.25
字　　数：193 千字
书　　号：ISBN 978-7-5060-6010-3
定　　价：39.00 元
发行电话：（010）85924663　85924644　85924641

延伸阅读

《思维方式》

所谓“思维方式”就是我们所持有的思想、哲学，或称为理念、信念也可用人生观、人格表示，也可称为“人生态度”。稻盛和夫坚持作为人应该有正面的“思维方式”的哲学，从而追求人的无限的可能性。

《稻盛和夫的哲学》

稻盛和夫思想的具体呈现。用浅显易懂的语言，从心智、欲望等多个维度深入探讨了“人为什么活着”这一哲学基本命题，并由此展现作者深刻的人生与经营智慧。

《心法之肆：提高心性 拓展经营》

稻盛和夫的处女作，回顾了在50　年的经营管理过程中，所经历的种种困难和获得的经验教训，综合阐述了其哲学思想。最终提出了“提高心性拓展经营”是人生和事业的追求。

《心与活法》

稻盛和夫用丰富的人生和企业经营经历阐释何谓“心态决定命运”。全书分为三部分：度过美好人生，心与经营，人生哲学是我的精神支柱。强调心态一改天地宽，改变心态不仅可以重塑自己，也可以决定事态的发展。领导人必读。

《日航的奇迹》

稻盛和夫亲自推荐。在稻盛和夫身边做了二十几年秘书的大田嘉仁执笔，真实记录了日航重建的全过程，阐释出了其中蕴含的经营与人生的真谛。更是给广大读者展示了一个稻盛哲学践行的鲜活案例。

《稻盛和夫自传》

稻盛和夫亲笔撰写的唯一传记。由曹寓刚和曹岫云共同全新翻译。全书以稻盛和夫的人生经历完整再现稻盛哲学，思维方式决定人生，京瓷阿米巴的生成路径。

延伸阅读

《心法之贰：燃烧的斗魂》

“燃烧的战魂”是稻盛先生一直提倡的“经营十二条”中的第8 条。他在书中探究了“人心究竟拥有多么强大的力量”，也就是人生应有的状态。

《创造高收益》

实现高收益是所有企业家的梦想。稻盛和夫通过经营问答，阐述了一套有效实现高收益的经营方法，而且这一高收益是高于10%。

《京瓷哲学：人生与经营的原点》

本书是稻盛和夫的“想法”和“活法”的原点，汇集了其八十多年来的经营活动和人生旅程的精华。

《稻盛开讲6：企业摆脱经济危机的五大方略》

本书以美国爆发的“次贷危机”为切入点，谈到了企业家在经营活动中应该采取的方式方法与处世态度，以及在面对经济低迷时应该采取的对策方略。

《创造京瓷的男人：稻盛和夫》

全方位呈现稻盛和夫的成长和创业之路，是一本“人性之书”。

《阿米巴经营导入手册》

以引进阿米巴经营的三家企业为例，阐释何谓阿米巴经营、该如何引进和运用、导入前后发生的何种变化，清楚勾勒出阿米巴经营导入的路径。